En couverture :
herminette cérémonielle lele (Kuba Kasai)
Collection Charles Ratton.
Dessin de Corinne Venot.

CONTRIBUTION A LA CLASSIFICATION GÉNÉALOGIQUE DES LANGUES VOLTAÏQUES

LANGUES ET CIVILISATIONS A TRADITION ORALE
37

Gabriel MANESSY

CONTRIBUTION A LA CLASSIFICATION GÉNÉALOGIQUE DES LANGUES VOLTAÏQUES

Publié avec le concours du
CENTRE NATIONAL DE LA RECHERCHE SCIENTIFIQUE

1979

ISBN : 2-85297-063-5

RÉSUMÉS

Gabriel MANESSY - Contribution à la classification généalogique des langues voltaïques : le groupe Proto-Central
1979, Paris, SELAF (Tradition orale 37)

Les langues ici étudiées constituent une fraction importante de l'ensemble traditionnellement appelé "voltaïque" ou "gur" (Haute-Volta, Mali oriental, nord de la Côte d'Ivoire, du Ghana, du Togo et du Dahomey). Elles ont été précédemment réparties en deux groupes dits "gurunsi" et "Oti-Volta". L'objet du précédent article est de démontrer que ces deux groupes et une langue non-classée du nord-ouest de la Haute-Volta, le kurumfe, sont issus d'une même langue ancestrale et de définir les degrés de cette parenté. Le premier point est établi par l'institution de formules de correspondances qui font référence à un phonétisme commun dont la restitution est tentée. L'examen des systèmes verbaux et surtout celui des systèmes de classification nominale en proto-gurunsi, en proto-Oti-Volta et en kurumfe conduit à l'hypothèse d'une tripartition de la langue originelle, le Proto-Central. Quelques conjectures sont proposées quant à la localisation du Proto-Central et à l'histoire des groupes qui en sont issus.

Gabriel MANESSY - Contribution à la classification généalogique des langues voltaïques : le groupe Proto-Central
Contribution to the genetic classification of the voltaïc languages : the Proto-Central group
1979, Paris, SELAF (Tradition orale 37)

The languages considered here comprise a major portion of the group traditionally known as "voltaïc" or "gur" (Upper Volta, eastern Mali, northern parts of the Ivory Coast, Ghana, Togo and Dahomey). They have previously been classified into two groups called "Gurunsi" and "Oti-Volta". The purpose of this article is to show that these two groups and one unclassified language of northwestern Upper Volta, Kurumfe, are derived from a single common ancestor, and to try to define the degree of relationship. The first point is established by the application of correspondance formulae which are assumed to represent an original sound system, the reconstruction of which is attempted. The consideration of the verb systems, and particularly of the noun class systems, in Proto-Gurunsi, Proto-Oti-Volta and Kurumfe leads to the hypothesis of a tripartite division of the original language, called Proto-Central. Several conjectures are formulated concerning the geographical location of the Proto-Central community and the history of the groups issuing from it.

Gabriel MANESSY - Contribution à la classification généalogique des langues voltaïques : le groupe Proto-Central
Contribución a la clasificación genealógica de las lenguas voltaicas : el grupo Proto-Central
1979, Paris, SELAF (Tradition orale 37)

Las lenguas que se estudian en este trabajo constituyen una parte importante del conjunto que se ha venido llamando tradicionalmente "voltaico" o "gur" (Alto Volta, Malí oriental, y partes septentrionales de la Costa del Marfil, Ghana, Togo y Dahomey). Han sido distribuidas anteriormente en dos grupos, llamados "gurunsi" y

"Oti-Volta". Los objetos del presente artículo son los de demostrar que estos dos grupos y una lengua non clasificada del noroeste del Alto Volta, el kurumfe, provienen de una sola lengua ancestral, y de definir los grados de este parentesco. El primer punto se establece mediante la institución de fórmulas de correspondencias que hacen referencia a un fonetismo comun cuya reconstrucción se intenta. El examen de los sistemas verbales, y sobre todo de los sistemas de clasificación nominal en proto-gurunsi, proto-Oti-Volta y kurumfe conduce a la hipótesis de una tripartición de la lengua original, el Proto-Central. Se lanzan algunas conjeturas referentes a la localización del Proto-Central y a la historia de los grupos que provienen de esta comunidad.

Габриэль МАНЕССИ - **Contribution à la classification généalogique des langues voltaïques : le groupe Proto-Central**
О генеалогической классификации вольтских языков : группа прото-центральная
1979, Paris, SELAF (Tradition orale 37)

Здесь изучаемые языки составляют значительную часть стройного целого называемого по традиции "вольтским" или "гур" (Верхняя Вольта, Восточный Мали, Север Берега Слоновой Кости, Ганы, Того и Дагомеи). В предыдущей работе были эти языки распределены по двум группам так называемым "гурунси" и "оти-вольта". Настоящая статья предполагается доказать что эти две языковые группы и неклассифицированный язык курумфе Северо-Запада Верхней Вольты восходят к одному и тому же праязыку и определить степени этого родства. Что касается первого пункта устанавливает автор формулы соответствий относящихся к общей фонетической системой и пытается восстановить эту систему. Обследование глагольных систем и главным образом обследование системы классификации имен существительных в языках прото-гурунси, прото-отивольта и курумфе вводит к гипотезе деления первоначального языка "протоцентрального". Автор предлагает некоторые гипотезы о географическом положении языка протоцентрального и истории происшедших от него групп.

CONTRIBUTION A LA

CLASSIFICATION GÉNÉALOGIQUE DES LANGUES VOLTAÏQUES

SOMMAIRE

1. INTRODUCTION

2. CORRESPONDANCES PHONÉTIQUES

3. LES SYSTEMES VERBAUX

4. LA CLASSIFICATION NOMINALE

5. LES DONNÉES LEXICALES

6. CONCLUSIONS

ANNEXES

1. Liste des langues étudiées
2. Séries comparatives
3. Formules de correspondance phonétique
4. Radicaux proto-centraux

BIBLIOGRAPHIE SOMMAIRE

TABLE DES MATIERES

1. INTRODUCTION

1.1. La classification généalogique des langues voltaïques a fait jusqu'à ce jour l'objet d'une double recherche, lexicostatistique et comparative. La première a été inaugurée par M. Swadesh (1966) et J.T. Bendor-Samuel (1965) et a abouti au schéma général proposé par ce dernier en 1971 dans le volume 7 de *Current Trends in Linguistics* (Bendor-Samuel 1971). Cette sorte d'étude, très féconde dans la mesure où elle limite ses conclusions à son domaine propre, présente en ce qui concerne l'établissement d'une généalogie linguistique deux inconvénients : d'une part, elle opère sur une collection de langues dont la parenté est postulée et dont l'inventaire n'est fondé que sur des vraisemblances, ressemblances manifestes ou proximité géographique ; d'autre part, les degrés de parenté y sont évalués en fonction du pourcentage de vocabulaire commun, sans qu'il soit possible de discerner autrement que par le critère, à nos yeux fort incertain, de l'appartenance au "vocabulaire fondamental" ce qui provient d'un héritage de ce qui résulte d'un phénomène de diffusion. La méthode comparative, beaucoup plus lente parce qu'elle implique la prise en considération de l'ensemble des données disponibles, nous paraît aussi beaucoup plus sûre en ce qu'elle rend possible de démontrer, et non pas seulement d'affirmer, la parenté de langues : l'application des formules de correspondance permet de ne retenir que les formes propres à établir cette parenté. D'autre part, l'institution des sous-groupes, à l'intérieur de la "famille" considérée, n'est pas déterminée par une appréciation quantitative qui privilégie toujours, l'expérience le montre, les langues géographiquement voisines, mais sur la constatation d'innovations communes. Celles-ci ne peuvent être nettement établies que dans la mesure où elles affectent des systèmes dont elles modifient l'équilibre et l'orientation. En ce qui concerne des langues pour lesquelles il n'existe aucun document antérieur à l'époque contemporaine, la reconstitution d'une évolution phonologique est aventureuse : des situations analogues peuvent se produire en des lieux et en des temps différents avec des effets identiques. En revanche, les risques de convergence sont moins grands dans le cas de systèmes grammaticaux fonctionnellement équivalents et mettant explicitement en oeuvre des éléments lexicaux dont la commune origine peut être démontrée. Les langues voltaïques présentent de tels systèmes dans le domaine du verbe, et surtout dans celui du nom, caractérisé par un procédé de classification dont on constate partout l'existence ou du moins des traces indubitables (cf. Manessy 1965). Il nous a donc paru possible de tenter de construire un "arbre généalogique" de ces langues à partir de celles qui nous sont connues, en restituant, là où la documentation le permettait, les proto-langues intermédiaires qu'implique la définition des sous-groupes. Par "proto-langue", nous n'entendons en fait qu'une liste de radicaux restitués par application de formules de correspondances (dont les symboles seront donnés ci-après en caractères majuscules), une hypothèse quant à l'organisation du système des sons et une tentative de reconstruction des systèmes du verbe et du nom. Cette recherche étant menée indépendamment pour chaque sous-groupe, il convient ensuite de vérifier l'exactitude des restitutions obtenues par un nouvel examen de la totalité des matériaux utilisés et de constituer une nouvelle proto-langue apte à en rendre compte ; celle-ci occupera donc un rang supérieur dans la hiérarchie généalogique ou, en d'autres termes, sera considérée comme la souche d'où proviennent les sous-groupes précédemment établis. On tentera enfin d'insérer dans le schéma des langues isolées qu'on a quelque raison de croire apparentées aux autres, mais qu'il a été jusque-là impossible de classer.

1.2. Tel est précisément ici notre propos : nous disposons de deux proto-langues, le proto-gurunsi (Ma., 1969) et le proto-Oti-Volta (Ma., 1975) et d'une langue isolée, le kurumfe, parlée à titre résiduel dans le nord-ouest de la Haute-Volta, au Yatenga (Prost, s.d.), et dont la position, par rapport aux deux autres, est incertaine. Elle a en effet été rattachée au sous-groupe gurunsi dès 1924 par M. Delafosse (1952, p. 814), opinion reprise par Westermann et Bryan (1952, p. 63), F. Nicolas (1953, p. 135), O. Köhler (1952 ; 1958, pp. 258-260) et que justifie amplement un examen rapide du vocabulaire : des mots tels que su "pintade", dunfɛ "serpent", twẽfe "abeille", tɔnɔ "peau", na "voir", sibu "mourir" peuvent être tenus pour typiquement gurunsi, du moins en leurs radicaux. L'évidence s'estompe si l'on étend le champ de la comparaison. Sur cinquante-quatre radicaux kurumfe, nominaux et verbaux, dont la filiation par rapport au proto-gurunsi ou au proto-Oti-Volta est a priori vraisemblable, vingt-quatre paraissent dépendre du premier, onze du second (et plusieurs, comme tusri "mille" ou daga "marché" sont fort suspects d'être de "faux-réflexes", emprunts directs au moore, lui-même langue du sous-groupe Oti-Volta occidental, dominante sur l'aire kurumfe), mais dix-neuf de formes restituées communes aux deux proto-langues. D'autre part, il n'est pas possible d'assigner au kurumfe une position précise dans l'ensemble gurunsi (Ma., 1969, pp. 96-99). Deux hypothèses peuvent être formulées : ou bien le kurumfe est issu d'un parler directement apparenté au proto-gurunsi et formant avec lui une unité dite par le R.P. Prost (s.d., p. 5) "grand-gourounsi", ou bien l'ancêtre du kurumfe constituait, avec le proto-gurunsi et le proto-Oti-Volta, et d'autres peut-être, les rameaux d'un même tronc auquel on pourrait donner, selon l'usage proposé par J.T. Bendor-Samuel (1971, p. 143), le nom de proto-voltaïque central ou, plus brièvement, de proto-central.

1.3. Les sources de notre documentation ont été énumérées dans nos deux précédents ouvrages (Ma., 1969 et 1975) ; elles se sont enrichies de plusieurs titres qui sont cités en annexe à la bibliographie de cet article. Pour le kurumfe, nous avons disposé d'un vocabulaire "nioniossé" inédit de 200 mots environ (IFAN, fonds Cremer L VIII, 9), d'un article de A. Schweeger-Hefel et H.G. Mukarovsky (1961) et surtout de la description de cette langue procurée par le R.P. Prost à la suite d'une enquête effectuée en 1968 (manuscrit inédit, s.d.), description dont nous avons réinterprété certaines parties à nos risques et périls.

2. CORRESPONDANCES PHONÉTIQUES

2.1. Méthode

L'objet principal de cette première partie est d'établir la parenté générale des langues gurunsi, des langues Oti-Volta et du kurumfe. La méthode appliquée est analogue à celle qui l'a été dans nos précédents ouvrages : constitution de séries comparatives (au sens que Guthrie 1967, p. 17, donne à ce terme) manifestant des correspondances régulières entre certains sons dans les diverses langues qui y sont représentées, et utilisation d'un symbole (une lettre majuscule) pour désigner la formule de correspondance ainsi établie. L'hypothèse fondamentale est que tous les sons appartenant à une même formule de correspondance sont, dans les langues où ils sont attestés, les représentants, ou "réflexes" d'une même unité phonique appartenant à la proto-langue ancestrale. Faute de documentation sur l'histoire du phonétisme des parlers en question, l'identification de cette unité phonique ne peut être que purement spéculative : la restitution d'un *ɓ pour rendre compte de la diversité des réflexes inclus dans la formule *L_4 ne relève au mieux que de la vraisemblance. En revanche, l'existence de la formule même est un fait en principe vérifiable. Il ne saurait être question de fournir ici tous les éléments de cette vérification ; les séries comparatives citées dans l'annexe 2. ne le sont qu'à titre d'exemples. Toutes sont incomplètes, mais des recoupements permettent en général d'assigner pour toute formule un réflexe à chaque langue. Des lacunes subsistent partout, dues aux limites du corpus ; elles sont particulièrement fâcheuses quand elles concernent le kurumfe. Il n'est pas d'une grande conséquence en effet que le réflexe de tel ou tel son du proto-central ne soit pas connu en tem s'il l'est en kabrè ou en lamba, dont le phonétisme est très proche et probablement de même origine. Rien ne permet en revanche d'imaginer ce qu'aurait dû être tel réflexe manquant en kurumfe, langue isolée. Le fait est d'autant plus fréquent que le vocabulaire kurumfe dont nous disposons ne comporte guère plus de 850 termes, dont une proportion appréciable (plus des quatre-cinquièmes) est sans étymologie connue, emprunts, créations ou reliquat d'un lexique ancestral que le kurumfe aurait seul conservé. Ce même motif nous a contraint à renoncer au principe selon lequel seules seraient valables pour la reconstruction du proto-central, des séries comparatives comportant à la fois des formes gurunsi, des formes Oti-Volta et des formes kurumfe ; dans nombre de cas, nous avons dû retenir des séries limitées aux deux premiers groupes, à condition toutefois que les les formes ne fussent point attestées dans des langues géographiquement voisines ou susceptibles, d'après ce que nous croyons savoir, de l'avoir été. En revanche, nous nous sommes donné pour règle de ne tenir une formule pour valide que dans la mesure où elle est justifiée par trois séries comparatives au moins. La seule exception concerne les formules $*P_6$ et $*P_8$ étudiées sous 2.2.1.3.

Les séries comparatives ont été construites à l'aide de toutes les formes disponibles, gurunsi, Oti-Volta, kurumfe. Dans la plupart des cas, cette épreuve a permis de constater une concordance entre les formules constitutives du proto-gurunsi d'une part et du proto-Oti-Volta d'autre part ; mais il arrive aussi qu'une formule, unique dans l'une des proto-langues, par exemple *B[1] en Oti-Volta corresponde à deux formules distinctes dans l'autre, soit $*B_1$ et $*F_2$ en gurunsi pour l'exemple choisi. Ceci pose un problème d'interprétation : ou bien le proto-gurunsi a conservé une distinction que le proto-Oti-Volta a perdue, ou bien il a au contraire innové en dédoublant, peut-être par phonologisation d'une variante combinatoire, le réflexe du phonème ancestral. La question ne peut être résolue que dans le cadre d'une hypothèse générale sur la nature des liens de parenté qui unissent les trois unités considérées, et donc en prenant en considération le kurumfe. On constate que dans le cas présent, il s'accorde avec les langues gurunsi pour affecter des initiales v et b à des formes dont les correspondantes ont toutes un b initial dans les langues Oti-Volta ; pour d'autres formules, en revanche, (cf. ci-après $*P_5$, $*V_4$), il se comporte comme la majorité de ces dernières, et différemment des langues gurunsi. Nous en concluons qu'il est impossible de situer sur l'arbre généalogique un "noeud" correspondant à une proto-langue

---

[1] Les symboles ici employés sont ceux qui l'ont été dans nos ouvrages précédents (Ma. 1969 et 1975).

où se seraient produites des innovations qui, communes à deux des trois unités considérées, attesteraient pour celles-ci un plus haut degré de parenté. En d'autres termes, rien n'autorise à imaginer une double scission de la langue ancestrale, la première en détachant par exemple le proto-Oti-Volta, mais laissant subsister une masse relativement indifférenciée et destinée à se diviser plus tard seulement en deux rameaux, proto-gurunsi et proto-kurumfe. Si l'on admet au contraire une tripartition du proto-central, tout phénomène présent dans deux ou trois unités résultantes devra être imputé à la langue ancestrale. Telle est la position que nous adopterons, sans nous dissimuler ce qu'elle a d'arbitraire, car nous serons toujours incapable de prouver que le phénomène en question ne résulte pas de développements parallèles et indépendants dans les deux rameaux considérés.

2.2. Consonnes

2.2.1. Consonnes initiales de radical

2.2.1.0. Pour la commodité de l'exposé, nous avons réparti les formules de correspondance en cinq catégories : labiales, dentales, palatales, vélaires, labio-vélaires, d'après la nature phonétique des réflexes qui les constituent. Ce regroupement est partiellement arbitraire, notamment en ce qui concerne les formules dites "palatales" qui comportent nombre de sifflantes dentales. Les résultats acquis sont présentés sous forme de tableaux[2], suivis d'un bref commentaire où les indications telles que 1. "gombo" renvoient à la liste des séries comparatives citées dans l'annexe 2. Lorsqu'à l'intérieur d'un sous-groupe, une formule comporte plusieurs réflexes différents, les langues où figurent ces réflexes sont identifiées à l'aide de l'indice numérique qui leur a été affecté (voir annexe 1.). Un tableau récapitulatif est donné dans l'annexe 3.

---

[2] Les abréviations O et E y désignent respectivement les sous-groupes occidentaux et orientaux des groupes Oti-Volta et gurunsi ; C le sous-groupe central ; y-n. le sous-groupe yom-naudem (Oti-Volta). Afin d'unifier la terminologie, on a appelé "occidental", "oriental" et "central" les sous-groupes gurunsi dits A, B, C dans Ma. 1969, sous 4.1.1.

2.2.1.1. Labiales

	kur.	*Oti-Volta*					*gurunsi*		
		O	*buli*	*gurma*	*y-n*	*E*	*O*	*C*	*E*
*L_1	m	m	m	m	m	m	m	m	m
*L_2	p	p	p	p	{ p pf (2)	p	p	{ p h (6)	{ f h (2) h/f (1) f/w (5)
*L_3	b	b	b	b	b	b	b	b	{ b p/b (1) w (2)
*L_4	v	b	b	b	b	b	v	v	{ h (1, 2) f (3) p (4) b (5) v (6)
*L_5	f	f	f	f	f	f	f	f	f
*L_6	f	v	v	f	v	f	v	p	{ f h (1, 2)

TABLEAU 1

Les trois premières des six formules présentées dans ce tableau peuvent être considérées comme sûres. Tout au plus peut-on observer pour *L_1 que si les correspondances entre Oti-Volta et gurunsi sont nombreuses et bien attestées (cf. 1. "gombo" 2. "rosée"), celles entre kurumfe et l'un ou l'autre de ces groupes, et à fortiori les deux, le sont moins. L'explication réside probablement dans le petit nombre des formes kurumfe à initiale m- (une dizaine seulement). Les séries comparatives qui illustrent *L_2 (4. "donner", 5. "blanc", 6. "mouton", 7. "écorce") et *L_3 (8. "noir", 9. "chèvre", 10. "excrément", 11. "enfant") sont d'autant plus démonstratives que certaines d'entre elles présentent des singularités communes à des langues géographiquement et généalogiquement lointaines. Ainsi le kurumfe dispose-t-il pour "donner" d'un double radical : pa (par exemple à l'impératif) et pan. (dans les formes dites par A. Prost de "passé narratif" : panɛ, et de "progressif indicatif" : panda, ainsi que dans le substantif déverbatif panam "don") ; ce double radical se retrouve au Dahomey en tayari (Oti-Volta E.) : pa "donne !", panre "don", avec un vocalisme différent en gourmantché : imp. pā, acc. pūní, inacc. pùùnì "donner", paabu "don", et peut-être aussi en isala (gurunsi C.) où "donner" est selon les sources pá ou pan. De même l'alternance constatée en kurumfe entre bin. (dans biniŋ pl. biniya "noir") et bir. dans biriŋi "noircir") est présente aussi en vagala (biŋu "noir", biri "noircir") et en iṣala (kʊ̀-bɪ́nɛ̀ "noir", bire, bine, bise "noircir"), et les deux bases sont attestées séparément à la fois dans le groupe Oti-Volta et dans le groupe gurunsi : *bid. en kabrè (gurunsi E) : ki-biyu[3], en birifor (Oti-Volta O.) : biri, en hanga (Oti-Volta O.) : bir. ; *bin. en delo (gurunsi E.) : bebene, bibini, en lyele (gurunsi O.) : na-bin, en moba (Oti-Volta gurma) : binn. Enfin la variation du timbre vocalique entre singulier et pluriel, pour le nom de l'enfant, est commune au kurumfe : sg. bi, pl. bu et au gangam (Oti-Volta gurma) : sg. big, pl. bumu ; l'alternance inverse existe aussi dans le dialecte gangam de Kumongu : sg. bu, pl. bim, en konkomba bɔ̄, pl. bɪ́m, et en kasele sg. bú, pl. bɪ́á, toutes langues Oti-Volta du sous-groupe gurma, en tem et en delo : sg. bu, pl. bia (gurunsi E.) et en kasem : sg. bu, pl. bia (gurunsi O.).

Les réflexes de ces trois formules n'appellent que peu de commentaires : il est possible qu'en vagala (gurunsi C. 6) le réflexe de $*L_2$ ne soit h que devant voyelle d'arrière : huŋo "blanc", huŋ "poil" ; Rattray donne en effet pour "mouton" piezi, pl. pieza. Tel est le cas pour w en delo (gurunsi E. 5) : wolem "blanc", won. "poil", mais fa "donner", fe- "mouton". Ce qui est noté en kabrè (gurunsi E. 1), h, f et quelquefois x est selon toute vraisemblance une continue bilabiale ; J. Delord, dans sa description inédite du kabrè, signale expressémant l'articulation bilabiale de f. En ce qui concerne $*L_3$, p et b sont apparemment en variation libre à l'initiale de mot dans cette langue.

Les formules $*L_4$ et $*L_6$ ont pour caractéristique commune d'être fondées l'une et l'autre sur une série comparative qui, par l'unicité du contenu sémantique comme par la précision des correspondances morphologiques, paraît démonstrative et sur quelques autres, dont certaines incomplètes. Pour $*L_4$, la série principale est 12. "chien" où le radical est de timbre a dans six des huit sous-groupes considérés et le nom de classes *ka, *se dans toutes les langues où ces classes sont attestées ou reconnaissables ; la qualité du réflexe n'est pas nettement établie en kabrè ni en kurumfe ; h dans la première de ces langues peut-être une continue bilabiale sourde (cf. ci-dessus), v en kurumfe une continue bilabiale sonore : ce que A. Prost écrit vaga, pl. vay est transcrit par A. Schweeger-Hefel waga, pl. wai. Le kurumfe n'est

---

[3] y est en kabrè le réflexe *d en position non initiale.

représenté que dans cette série et peut-être aussi dans la correspondance hypothétique entre vim/vem "pus" dans cette langue et moba bíɪd, gourmantché biiri, gangam bit (Oti-Volta gurma) de même sens. Deux séries complémentaires sont fournies par 13. "attacher" et 14. "bras". $*L_6$ est faiblement attestée ; la série la plus complète est 15. "feuille" ou le kurumfe présente un radical fɔ̃. dont le vocalisme ne se rencontre nulle part ailleurs ; en revanche le gurunsi occidental comporte des formes en ɔ et l'existence d'un radical à voyelle nasale est attestée par la correspondance entre kusaal vãʊ̃k, pl. vããt (Oti-Volta O. 6.), tayari fãku, pl. fãti (Oti-Volta E. 2.), vagala paŋwu (gurunsi C. 6.). La série 16. "cultiver" ne comprend pas de formes Oti-Volta, mais la correspondance entre le radical kurumfe fɛr et les radicaux gurunsi est garantie par la présence dans tous d'un même dérivatif *-d ; pour 17. "vivre", ce sont les attestations gurunsi qui font défaut.

Les séries qui illustrent le mieux la formule $*L_5$ sont 18. "souffler" et 19. "siffler" qui, en raison de leur sens, pourraient être suspectées de devoir plus au symbolisme phonique qu'à une commune origine. Elles sont cependant confirmées par des séries partielles comme 20. "nouveau", 21. "dix" et 22. "fleur" qui ne donnent pas lieu au même soupçon. La principale difficulté est posée par le kabrè (gurunsi E. 1.) qui offre deux réflexes, peut-être en distribution partiellement complémentaire, h devant voyelle fermée, h ou f devant voyelle ouverte. On remarquera, à propos de 21. "dix", de 20. "nouveau" et de 22. "fleur" la remarquable affinité qui semble unir $*L_5$ à $*L_2$ et l'impossibilité où l'on est néanmoins d'instituer à l'aide des formes qui y figurent des séries comparatives cohérentes propres à en rendre compte.

2.2.1.2. Dentales

	kur.	*Oti-Volta*				*gurunsi*			
		O	*buli*	*gurma*	*y-n*	*E*	*O*	*C*	*E*
$*D_1$	n	n	n	n	n	n	n	n	n
$*D_2$	t	t	t	t	t	t	t	t	t
$*D_3$	d	d	d	d	d	d	d	d	d
$*D_4$	l	{ l / d 1	l	l	l	{ d / l 2,3	l	l	l
$*D_5$	s	s	s	s	s	s	s	s	s

Tableau 2

A l'exception de $*D_4$, les formules "dentales" sont abondamment attestées ; afin de ne pas développer exagérément le tableau de l'annexe 2., nous n'avons retenu pour chacune d'elles que trois séries, entre beaucoup d'autres ; soit pour $*D_1$ 23. "scorpion", 24. "viande", 25. "bouche" ; pour $*D_2$: 26. "arc", 27. "barbe, menton", 28. "travail" ; pour $*D_3$ 29. "genou", 30. "manger", 31. "mordre" ; pour $*D_5$ 32. "danse, danser", 33. "porc-épic", 34. "couteau". Dans plusieurs cas, des singularités communes à des langues fort éloignées viennent confirmer l'hypothèse d'une même origine. Ainsi le radical nag. "boeuf" qu'on trouve dans kurumfe nagfɛ, pl. nay est-il attesté dans le sous-groupe Oti-Volta O. en premier terme de composé, en bulba, gurenne, dagbane, gyoore, moore, mais précisément pas devant le suffixe de singulier (bulba nafo, gurenne et moore naafo, dagbane et gyoore nahɔ), ce qui exclut l'emprunt ; le même radical apparaît d'ailleurs en yom : naago, pl. naage et en naudem : nagbe, pl. nage (Oti-Volta, y-n.). Quant à l'opposition suffixale sg. -fɛ, pl. -i, elle trouve son correspondant morphologique exact dans le sous-groupe Oti-Volta E. : bieri na.fa, pl. na.hi, tayari na.fa, pl. nɛ.gi. De même rencontre-t-on au Togo, en tobote (Oti-Volta gurma 6.) le plus proche équivalent : tɔbo, pl. tɔfe, du nom kurumfe de l'arc : tɔɔ, pl. tɔɔfi.

Les séries qui justifient l'institution d'une formule $*D_4$ sont en général lacunaires ; le kurumfe, en particulier, y est mal représenté, ce qui s'explique d'ailleurs par le petit nombre des mots à initiale l dans cette langue (cf. Prost s. d., 1.14., p. 16). Ces séries sont pourtant suffisamment nombreuses et complémentaires pour que la validité de la formule ne puisse pas être mise en doute (cf. 35. "hache", 36. "chanter, chant", 37. "deux").

Il convient enfin de signaler une correspondance morphologique très nette entre kurumfe hondɛ, pl. hona "haricot" et des formes gurunsi de même sens : kabrè (E.1.) sone, pl. sona (cl. dɪ, a), phwo (C. 11) sɔnɛ, pl.sɔna , kasem (O. 1) sooni, pl. soona. En ce qui concerne les initiales h et s, la correspondance semble partiellement confirmée par kurumfe henam, vagala (gu. C. 6.) sen, kasem sana (gur. O. 1) "dolo" ; kurumfe hilao, kasem ka-sulu "sable" ; kurumfe hur, kasem sɔle, winye (gu. C. 10) sɔlɔ, kabrè saw "préparer le to" ; kurumfe hɔy, gourmantché (Oti-Volta gurma 2.) sani, naudem (Oti-Volta y-n.2) sole ("courir vers"), sanni ("courir loin de"), kabrè séw "courir". Ces rapprochements sont toutefois trop incertains pour autoriser l'établissement d'une formule supplémentaire.

2.2.1.3. Palatales

	kur.	*Oti-Volta*					*gurunsi*		
		O	*buli*	*gurma*	*y-n*	*E*	*O*	*C*	*E*
$*P_1$	ñ	ñ	ñ	ñ	ñ	ñ	ñ	ñ	ñ
$*P_2$	s	s c 1,8	c	c s 1	c s 2	c	c	c	ɟ c/ɟ 1, 2
$*P_3$	z	z c 1 ɟ 8	ɟ	ɟ	ɟ	c	ɟ	c	c 1,3 c/ɟ 2, 4, 5
$*P_4$	y	y	y	y	y	y	y	y	y
$*P_5$	s	s	s	s	s 1 h 2	c	c	h	y
$*P_6$		z	z	s	z 1 ɟ 2	ɟ	z	c	s
$*P_7$	z	z c 1 ɟ 8	ɟ	ɟ	ɟ	y	z	z ɟ 1, 2, 8, 10	s ɟ 4, 5
$*P_8$		z c 1 ɟ 11	z	y	z 1 ɟ 2	y	y	y z 3	

Tableau 3

Sur les huit formules qui figurent dans ce tableau, deux, $*P_1$ et $*P_4$, sont fermement établies, la première par une série comparative complète : 38. "boire" et de nombreuses séries partielles telles que 39. "tête" ou 40. "poisson", la seconde par des séries bien documentées en ce qui concerne les groupes Oti-Volta et gurunsi (41. "nom", 42. "esclave", 43. "marché"), mais où le kurumfe n'est que rarement présent ; celles où il l'est sont en général limitées à un petit nombre de langues, comme par exemple 44. "dent". Les correspondances y sont en revanche relativement précises, trop parfois pour ne pas suggérer un emprunt : ainsi pour kurumfe yuroŋ, pl. yurey "marmite" par rapport aux formes Oti-Volta O. : kusaal yoore, pl. yoya, gurenne yoore, pl. yoa, gyoore yuurɛ, yuya "pot" ; mais cette hypothèse est peu probable dans nombre d'autres cas, tels que celui que kur. yiri "appeler" dont les correspondants les plus directs sont donnés par Koelle (1963) en yom (Oti-Volta y-n.1) : yiili et en isala (gurunsi C. 1) : yiri.

Les six autres formules ont deux caractéristiques communes. La première est de comporter à la fois des palatales, occlusives ou continues, et des sifflantes dentales, dans des proportions et avec une distribution différentes. La seconde est d'être fondées sur l'extension de séries comparatives bien établies dans le groupe Oti-Volta[4], mais qui n'ont que des prolongements rares et souvent très incomplets (surtout pour $*P_3$) en kurumfe et dans le groupe gurunsi. La cohérence de certains recoupements nous a conduit néanmoins à tenir ces séries pour valides, le risque étant moindre d'ajouter quelques arguments peu sûrs à la mise en lumière d'une parenté généalogique d'autre part suffisamment démontrée que de négliger des indices qui pourraient être utiles en un stade ultérieur de la reconstruction. La mieux attestée de ces formules est $*P_7$; elle l'est par six séries dont les principales sont 45. "queue", 46. "chauve-souris" et 47. "savoir". $*P_3$ l'est par 48. "mouche", 49. "silure", 50. "prendre". Pour $*P_2$, il faut faire intervenir, outre les séries 51. "charbon" et 52. "père", la série 53. "foie", peu satisfaisante pour le vocalisme radical. $*P_5$ est fondé sur la mise en parallèle des séries 54. "chemin", bien représentée dans le groupe Oti-Volta et seulement dans trois langues occidentales en gurunsi, 55. "oeuf" qui comporte des réflexes dans presque toutes les langues gurunsi, en tayari (Oti-Volta E. 2) et peut-être en kurumfe, et 56. "flèche" où seuls le kurumfe et les langues gurunsi occidentales et centrales sont présentes. $*P_6$ et $*P_8$ sont les formules les plus suspectes puisqu'elles ne sont fondées respectivement que sur deux formules, 57. "porter sur la tête" et 58. "être debout" pour la première, 59. "tête" et 60. "cheveu, poil" pour la seconde, et que le kurumfe n'est représenté ni dans l'une ni dans l'autre ; il faut cependant observer que $*P_6$ correspond à une formule bien établie (sous le symbole $*S_3$; Ma. 1969, p. 24) en gurunsi et $*P_8$ à une formule également sûre ($*Z_1$) en Oti-Volta (Ma. 1975, p. 36).

[4] Ces formules sont désignées dans Ma. 1975 par $*S_2$ (ici $*P_2$) ; $*Z_2$ (ici $*P_3$ et $*P_7$) ; $*Z_1$ (ici $*P_6$ et $*P_8$) ; $*S_3$ (ici $*P_5$).

2.2.1.4. Vélaires

	kur.	*Oti-Volta*					*gurunsi*		
		O	*buli*	*gurma*	*y-n*	*E*	*O*	*C*	*E*
$*V_1$	h	ʔ		ŋ		ŋ	ŋ	ŋ	ŋ/h
$*V_2$	h/y	{ ʔ y 4, 5, 9, 16, 19	y	y	{ ʔ 2 y 1	y	{ y y/h 2	{ ʔ y/ʔ 1	{ y y/ʔ 3
$*V_3$	k	k	k	k	k	k	k	k	k
$*V_4$	k	k	k	k	k	k	k	h	h
$*V_5$	g	{ g k 1	g	g	g	{ k h 1	g	{ g k 10	{ k g 5

Tableau 4

Les formules $*V_1$ et $*V_2$ sont difficiles à établir parce qu'elles mettent en jeu des consonnes que l'enquêteur européen a peine à percevoir ou à identifier : l'occlusive nasale vélaire ŋ, fréquemment confondue avec h, w (devant voyelle postérieure arrondie) ou Ø et l'occlusive glottale ʔ, souvent omise dans les transcriptions par les auteurs de langue allemande accoutumés à l'attaque dure des voyelles initiales, ou arbitrairement symbolisée par h. Les séries comparatives qu'on peut former sont donc lacunaires et, en certains points, incertaines ; mais leur nombre permet des recoupements qui rendent hautement probable l'hypothèse d'une correspondance entre les formes qui les constituent, d'autant plus que ces formes représentent toujours, dans les langues auxquelles elles appartiennent, des cas particuliers ou des exceptions.

$*V_1$ est fondé sur des séries comparatives où les réflexes présentent la particularité d'être toujours placés devant une voyelle d'arrière ou devant a : ainsi dans 61. "enterrer", 62. "faire", 63. "beau, bon", 64. "balayer", ou encore pour kurumfe hom., tamprusi (gurunsi C. 4) ka-həm, kabrè (gu. E. 1) haŋa (Koelle) "chaud" ; pour kur. hamne, tayari (Oti-Volta E. 2) ham, tãmari 1 (O.V. E.3) wã, tãmari 2 (O.V. E.4) ã "feu", pour kur. hondre, pl. honda, moba (Oti-Volta gurma 1) ŋuləg, pl. ŋuli, tayari hunfa, pl. hungi, tãmari 1 nwunfa, pl. nwuri, tãmari 2 ũfa, pl. uri "nombril", ou pour gourmantché (Oti-Volta gurma 2) ŋali, konkomba (id. 4.) ŋal, cãla (gurunsi E. 4) ŋare, delo (id. 5) ŋara, bago (id. 6) ŋɛra "coudre". $*V_2$ présente la particularité exactement inverse : dans toutes les séries comparatives, les réflexes sont devant voyelle antérieure : 65. "corne", 66. "se lever", 67. "sein, lait", 68. "hippopotame". La complémentarité des deux formules est d'ailleurs confirmée par la présence, dans certaines des séries qui ressortissent à chacune d'elles, d'exceptions qui relèvent manifestement de l'autre : en gurenne (Oti-Volta O. 7) ànnà "faire" (*V_1) a pour doublet enge (ˀeng selon Prost 1972b, p. 7) auquel correspondent nabte (id. 2) ene, talne (id. 3) eng, kusaal (id. 6) ˀeng qu'on pourrait ranger sous *V_2 ; "hippopotame" illustre cette dernière formule, sauf en ce qui concerne le dagbane (Oti-Volta O. 5) où l'on a ŋamli, pl. ŋama, avec le réflexe ŋ de *V_1 ; "se lever" (*V_2) est en phwo (gurunsi C. 11) uri dont on rapprochera kusaal (Oti-Volta O. 6) ugu "élever", l'un et l'autre appartenant à *V_1.

*V_3 et *V_4 comportent les mêmes réflexes, sauf en gurunsi central et oriental ; cette différence, limitée, est néanmoins irréductible. La première formule est fondée sur la combinaison de plusieurs séries comparatives incomplètes dont la plus étendue 69. "lire" est malheureusement aussi, en raison de son sens, la plus suspecte ; en revanche 70. "poule", 71. "cultiver", 72. "rond" paraissent être authentiquement voltaïques ; le kurumfe n'y est pas représenté, mais il l'est par exemple dans la série "petit champ", kur. kuruga, pl. kuruni, kasem (gurunsi O. 1) kuduga, pl. kudwi, lamba (gur. E. 2) koro-ti "cultivateur" (-ti "possesseur de"), ou dans "talon" : kur. kutuga, pl. kurafi, buli (Oti-Volta) nuŋ-kur, pl. nuŋ-kuta, kasem (gurunsi O. 1) na-kɪli, Koe. na-kuruu, pl. na-kukuuri, isala (gur. C. 1) Koe naa-kukuura, pl. na-kukurʃi, kabrè (gur. E. 1) Koe. noo-kirɛ, pl. noo-kɪ́la. *V_4 est attesté, entre autres, par 73. "tordre, essorer", 75. "femme" ; "femme" a pour radical en kurumfe kyen. où l'occlusive palatale est la réalisation de /k/ devant voyelle d'avant (Prost s. d., 1.9., p. 13).

Sur les trois principales séries justifiant l'institution d'une formule *V_5 : 76. "fromager", 77. "courber", 78. "kola", l'une, la dernière, pose un problème analogue à celui de "lire". Le radical a toutes chances de n'être pas voltaïque : gooro est le nom de la kola dans les dialectes malinké du sud, parlés par des gens qui ont joué un rôle prépondérant dans le commerce d'échange fondé sur ce produit. En revanche les mots formés sur ce radical paraissent être dans la majorité des cas parfaitement intégrés au système nominal des langues où ils sont attestés, et la distribution des initiales k et g est identique à celle qu'on constate dans des séries non suspectes. L'emprunt est donc très ancien, et probablement imputable au proto-central lui-même.

2.2.1.5. Labio-vélaires

	kur.	*Oti-Volta*					*gurunsi*		
		O	*buli*	*gurma*	*y-n*	*E*	*O*	*C*	*E*
$*LV_1$	w	ŋm	ŋm	ŋm	ŋm m 2	w̃	ŋm w 4	ŋm	ŋm
$*LV_2$	k	kp k 8, 9 kw 1	kp	kp	kp	kw kp 5	kw kp 4	kp	kp
$*LV_3$		gb g 8, 9 kw 1	gb	gb	gb	kw kp 5	gw g 3	gb	kp gb 4, 5, 6
$*LV_4$	w	w	w	w	w	w	w	w	w

Tableau 5

La formule $*LV_1$ est bien attestée, en dépit d'incertitudes de transcription : la même forme est donnée par différents auteurs avec une initiale mw ou ŋm en dagara, gourmantché, buli, yom ; mw ou ŋw en nuna et winyè ; nw et w̃ en kusaal (où ce dernier est explicitement identifié comme une réalisation de /ŋm/) ; ŋm et m en kabrè ; hw et mw en bulba. Il en résulte que lorsqu'une langue ne nous est connue que par une seule source qui fournit pour réflexe de $*LV_1$ m, par exemple, nous sommes incapable de savoir si cette transcription désigne une occlusive nasale bilabiale ou une labio-vélaire. Pour ne pas surcharger exagérément le tableau, nous avons opté pour la seconde solution dans tous les cas où le système phonologique de la langue en question n'a pas été décrit avec une suffisante précision (cf. 79. "corde", 80. "singe", 81. "étoile").

$*LV_2$ est illustré par de nombreuses séries comparatives telles que 82. "joue", 83. "lance", 84. "babouin" ("singe" en gurunsi oriental), où le kurumfe est cependant mal représenté. On peut faire valoir cependant la correspondance entre kur. kyẽ "être vieux", gyoore (Oti-Volta O. 8) -kyẽẽma, pl. -kyẽẽmhi "vieux", kusaal (id. 6) kpẽm "être vieux", yom (Oti-Volta y-n. 1) -kpemɣa, -kpemsə "vieux", ou entre kur. seŋ-kitre, pl. seŋ-kirao et moba (Oti-Volta gurma 1) se-kpitər, pl. se-kpita "fesse". En revanche, nous ne connaissons aucun réflexe en kurumfe de la formule $*LV_3$, d'ailleurs assez médiocrement établie par des séries telles que 85. "peau" (le même radical désignant également le corps humain dans plusieurs langues), 86. "lion" ("léopard" dans les langues gurunsi) ou 87. "crinière". Les transcriptions sont là encore d'interprétation difficile : en winyê, ou ko, Prost (1972b) note kp ce que Girault (s. d.) entend ʔb. Il n'est pas sûr que les réflexes de $*LV_2$ et de $*LV_3$ soient distincts en gurunsi central ; ils ne le sont probablement pas en gurunsi oriental, du moins en ce qui concerne le kabrê, le lamba et le tem ; il semble en revanche que le delo, le cãla et le bago aient pour $*LV_3$ gb et, du moins le delo, kp pour $*LV_2$. La formule $*LV_4$ enfin est établie par des séries comparatives telles que 88. "parler, parole", 89. "singe", 90. "froid", avec un même réflexe w qui comporte toutefois une variante h devant voyelle d'arrière arrondie en kurumfe, dans les langues Oti-Volta orientales et en naudem (Oti-Volta y-n. 2).

2.2.2. Le consonantisme du proto-central

2.2.2.1. Reconstruire le consonantisme de la langue d'où sont supposés issus le kurumfe, les langues Oti-Volta et les langues gurunsi est une entreprise aventureuse, parce qu'elle met en oeuvre des matériaux de valeur inégale, comme l'a montré l'examen des différentes formules, et parce qu'elle implique un agencement d'hypothèses dont la seule justification immédiate réside en la cohérence du système qu'il permet d'édifier. La validité de ce dernier ne pourra être évaluée qu'ultérieurement, dans la mesure où il permettra de rendre compte de matériaux fournis par d'autres groupes de langues qui n'ont pas été ici pris en considération.

La restitution proposée doit donc être tenue pour hypothétique et provisoire. Elle est fondée sur les trois postulats suivants : tout d'abord, une formule dont tous les réflexes sont identiques, comme par exemple $*L_1$, fait référence à un son de la langue ancestrale qui présentait les mêmes caractéristiques articulatoires que les réflexes en question, soit ici *m. Le même principe reste valable lorsque la majorité des réflexes sont identiques et que les exceptions sont explicables par une caractéristique commune aux langues auxquelles elles appartiennent ; ainsi pour $*P_2$: une correspondance entre c et s (et entre ɟ et z) est fréquemment constatée, parfois entre deux dialectes d'une même langue, dans l'ouest et le nord de l'aire ici considérée ; on admettra donc que le son auquel $*P_2$ fait référence était en proto-central *c. De même les langues du Togo et du Dahomey, soit les langues Oti-Volta orientales, le bulba, qui appartient, en dépit de sa localisation, au sous-groupe Oti-Volta occidental, et les langues gurunsi orientales suppriment l'opposition entre occlusives sourdes et occlusives sonores, au bénéfice des premières, pour les ordres palatal, vélaire et labio-vélaire. Cette remarque autorise la restitution de *g pour $*V_5$ et, combinée à la précédente, celle de *ɟ pour $*P_3$. La confusion manifeste qui règne dans l'ordre labial en ce qui concerne les langues gurunsi orientales justifie, dans une certaine mesure, la restitution de *p pour $*L_2$ et de *b pour $*L_3$, fondée dans l'un et l'autre cas sur la majorité des réflexes attestés.

Le second postulat est que des formules dont les réflexes ne sont distingués dans la majorité des langues que par un seul trait articulatoire (par exemple la sonorité, ou l'occlusion) ont pour principe des sons qui, dans la langue ancestrale ne s'opposaient que par ce même trait. Ainsi $*P_5$ comporte-t-il (sauf en Oti-Volta E. et en gurunsi O.) des continues là où $*P_2$ a le plus souvent des occlusives ; si $*P_2$ est c, $*P_5$ peut représenter la continue correspondante ç. Le parallélisme partiel entre $*P_5$ et $*P_6$, le second représenté en Oti-Volta occidental, en buli, en naudem et en gurunsi occidental par des sonores, suggère pour ce dernier une restitution *ʝ. Ces deux derniers exemples permettent d'ailleurs d'apprécier le degré d'incertitude de certaines hypothèses retenues.

On admettra enfin que le système consonantique ancestral devait être à quelque degré symétrique et que l'on peut s'attendre à trouver dans les différents ordres des consonnes de même série, c'est-à-dire caractérisées par le même mode d'articulation. Cet argument ne sera invoqué qu'à défaut des deux autres, pour tenter de situer dans les "cases vides" du tableau des formules isolées.

2.2.2.2. Compte tenu des deux premiers postulats, la restitution de *m pour $*L_1$, de *p pour $*L_2$, de *b pour $*L_3$ et de *f pour $*L_5$ ne pose pas de difficulté. Le parallélisme entre $*L_5$ et $*L_6$ et la présence dans cette dernière formule de réflexes fricatifs sonores dans les langues Oti-Volta occidentales, en buli, en yom-naudem et en gurunsi occidental suggèrent pour elle la restitution de *v que ne confirment guère, il est vrai, les quatre attestations de f et celle de p en gurunsi central. Reste $*L_4$ dont les affinités avec $*L_3$ (*b) sont manifestes, qui en est cependant distinct et qui ne comporte pas de contre-partie sourde ; notre hypothèse est qu'il s'agit là d'une implosive *ɓ. La réduction de ɓ à b est chose fréquente ; celle de ɓ à v l'est sans doute moins ; nous l'avons néanmoins constatée, en position faible, en en bwamu[5], langue voltaïque qui, il est vrai, n'appartient pas à l'inventaire de celles qui sont ici examinées.

Il n'y a pour les dentales de problème qu'en ce qui concerne *D_4 : les réflexes en sont l, sauf sur une aire bien circonscrite, dans le nord-ouest du Dahomey, où sont parlés le bulba (Oti-Volta occidental), le bieri, le wama et l'un des dialectes tãmari (Oti-Volta oriental) où le réflexe est d ; l'opposition entre d et l paraît être neutralisée dans l'autre dialecte tãmari, où l est seul attesté, et en tayari, autre langue Oti-Volta orientale presque entièrement enclavée au milieu des précédentes, où d et l sont en variation libre. Sauf en ce qui concerne le bulba, parlée par une très petite population entièrement bilingue (Prost 1974), cette singularité propre à un sous-groupe de langues a plutôt l'apparence d'une survivance que d'une innovation. D'autre part d comporte dans nombre de langues une articulation rétroflexe suffisamment prononcée pour que Westermann écrive fréquemment ḷ ce que les autres auteurs notent d. Il se peut qu'en proto-central l'opposition ait été non entre une occlusive et une continue latérale, mais entre deux consonnes de même point d'articulation distinguées par leur mode de réalisation, explosif pour *d (*D_3), implosif *ɗ (*D_4), les autres consonnes de même ordre étant *n (*D_1), *t (*D_2) et *s (*D_5).

Les formules classées sous la rubrique "palatales", à l'exception de *P_1 et de *P_4 pour lesquelles on peut proposer en toute sécurité des restitutions, respectivement *ñ et *y, offrent un tableau confus. Nous avons donné ci-dessus les motifs qui nous conduisent à traduire *P_2 par *c, *P_3 par *ɟ, *P_5 par *ç et *P_6 par *ʝ. *P_7 est partiellement identique à *P_3 et se trouve, par rapport à lui, dans un rapport analogue à celui qui unit *L_4 à *L_3 : il comporte des continues palatales ou sifflantes, là où *P_3 a des occlusives ; tous ses constituants sont sonores, sauf là où se produit l'assourdissement général des palatales signalé plus haut ; il n'existe pas de formule à constituants sourds qui puisse être considérée comme parallèle à *P_7. Des considérations analogues nous ont conduit à restituer *ɓ pour *L_4 ; il est donc logique de restituer *ɗy pour *P_7. Comme *P_8, confondu avec *P_7 en Oti-Volta occidental et en naudem, s'en distingue ailleurs par le caractère continu des réflexes qui le composent, la même logique nous oblige pour en rendre compte à supposer l'existence de *ˀy implosif en proto-central. Ce foisonnement de

[5] Cf. G. MANESSY, *La morphologie du nom en bwamu*, p. 29, Dakar, 1960.

consonnes palatales peut paraître improbable ; il n'est pas sans exemple : le margi, langue tchadique, possède neuf phonèmes consonantiques palataux : c, ɟ, tʃ, dʒ, ç, ʝ, y, ʔy, ñ, plus deux fricatives alvéo-palatales ʃ et ʒ[6]. Disposant de séries plus courtes et moins différenciées, nous avions supposé l'existence, en proto-Oti-Volta, d'une opposition entre un ordre apico-alvéolaire et un ordre fronto-dental, l'existence de ce dernier étant attestée par le double caractère, sifflant et palatal, des réflexes qui en sont issus (cf. Ma. 1975, p. 52). Les correspondances établies avec les langues gurunsi ne procurent guère d'arguments pour reprendre cette hypothèse au niveau du proto-central.

En revanche, une supposition que nous avait suggérée la complémentarité, dans les langues Oti-Volta, entre les formules ici désignées par $*V_1$ et $*V_2$ s'est trouvée confirmée par une complémentarité analogue et plus nette encore dans les langues gurunsi. Il paraît vraisemblable que les deux formules en question font référence à une même consonne *ŋ représentée dans presque toutes les langues par deux réflexes dont l'un ne se trouve que devant voyelle d'arrière ou a, et l'autre seulement devant voyelle d'avant. $*V_3$ et $*V_5$ autorisent les restitutions *k et *g. $*V_4$ pose un problème difficile. En vertu du principe de symétrie, on s'attend à trouver dans l'ordre vélaire une occlusive implosive analogue à celles qu'on a restituées pour les ordres labial, dental et palatal ; mais outre que ce principe se trouvera en défaut pour l'ordre labio-vélaire, le caractère sourd des constituants de $*V_4$ ruine un des arguments que nous avons fait valoir pour la restitution de *ɓ, *ɗ et *ɗy. Aussi nous paraît-il prudent de ne pas céder à la tentation d'équilibrer à tout prix le tableau des consonnes du proto-central et de restituer pour $*V_4$ *ʔ qui figurait déjà dans la restitution du consonantisme proto-gurunsi (Ma. 1969, p. 39).

Les formules labio-vélaires ne soulèvent aucune difficulté, compte tenu de la règle d'assourdissement propre aux langues de l'est et qui a été signalée plus haut ; $*LV_1$, $*LV_2$, $*LV_3$ et $*LV_4$ seront interprétées respectivement comme *ŋm, *kp, *gb et *w.

2.2.2.3. Au terme de cet examen, il est possible, sous les réserves qui ont été exprimées plus haut, de proposer une reconstruction provisoire du conso-

---

[6] C. HOFFMANN, *A grammar of the Margi language*, pp. 22-26, London, 1963.

nantisme proto-central, comportant six ordres et huit séries :

*m	*n	*ñ	*ŋ	*ŋm	*ʔ
*p	*t	*c	*k	*kp	
*b	*d	*ɟ	*g	*gb	
*ɓ	*ɗ	*ɗy			
*f	*s	*ç			
*v		*j			
		*y		*w	
		*ʔy			

Deux précisions doivent cependant être apportées : il s'agit là, comme l'ont montré les exemples proposés, de l'inventaire des consonnes à l'initiale de radical, c'est-à-dire dans la position où cet inventaire est le plus étendu. Aucun radical dissyllabique n'a pu être restitué. Quant à la position finale de radical, elle pose un problème particulier qui est examiné ci-après. D'autre part, le tableau qui a été dressé est essentiellement phonétique, l'insertion de *f et *v dans l'ordre labial étant justifié par l'existence de réflexes h et p qui suggèrent une articulation bilabiale. Rien ne nous permet d'affirmer que les sons qui y figurent étaient tous les réalisations de phonèmes distincts. Des regroupements analogues à celui qui a été opéré pour $*V_3$ ou $*V_5$ auraient peut-être dû être effectués, en particulier dans l'ordre foisonnant des palatales ; mais notre analyse des faits ne nous a fourni aucun argument pour y procéder.

2.2.3. Consonnes finales de radical

Il y a une remarquable concordance entre les tableaux qui ont été dressés indépendamment pour les langues gurunsi (Ma. 1969, p. 36) et pour les langues Oti-Volta (Ma. 1975, p. 48) ; soit :

proto-gurunsi			*proto-Oti-Volta*		
*-w	*-d	*-k	*-b	*-d	*-g
	*-l			*-l	
*-m	*-n		*-m	*-n	
	*-s			*-s	

Dans les deux cas, la pauvreté et l'asymétrie de l'inventaire ont conduit à interpréter celui-ci comme une liste d'"élargissements" (c'est-à-dire de morphèmes de fonction indéterminée) susceptibles d'être adjoints à des radicaux de structure canonique CV. Le même argument demeure valable en ce qui concerne le proto-central dans la mesure où une correspondance terme à terme peut être établie entre la liste proto-gurunsi et la liste proto-Oti-Volta, et où un inventaire analogue peut être imputé à l'encêtre commun.

Cette correspondance est effectivement attestée, dans chaque cas, par un nombre suffisant de séries comparatives ; soit par exemple pour *-b/*-w, 13. "attacher", 43. "marché, acheter, vendre", 91. "mourir" ; pour *-m, 24. "viande", 28. "travail", 33. "porc-épic" ; pour *-d, 8. "noir", 16. "cultiver", 84. "babouin" ; pour *-l, 2. "rosée", 23. "nouveau", 88. "parler, parole" ; pour *-n, 1. "gombo", 10. "excrément", 83. "lance" ; pour *-s, 6. "mouton", 64. "balayer", 92. "sel" ; pour *-k/*-g, 7. "écorce", 43. "marché, acheter, vendre", 93. "casser". Les séries comparatives citées sont, pour la plupart, très incomplètes ; il faudrait, pour combler les lacunes, en multiplier le nombre et élargir démesurément le tableau de l'annexe 2. Elles permettent néanmoins d'établir que *-n en proto-gurunsi, *-n en proto-Oti-Volta et -n en kurumfe ont, dans un certain nombre de cas au moins, une origine commune ; de même pour les autres unités restituées. Les correspondances, au sein des groupes gurunsi et Oti-Volta, ont été examinées dans les deux ouvrages cités (Ma. 1969, pp. 30-36 ; 1975, p. 44-48). Il n'y a pas lieu de tenir pour significative la différence entre les restitutions proposées pour la consonne vélaire : *-k en proto-gurunsi, *-g en proto-Oti-Volta ; *-k avait été choisi de façon quelque peu arbitraire en raison de la difficulté éprouvée à identifier la formule concernant les vélaires en fin de radical avec l'une des deux formules établies pour les vélaires initiales. L'extension de la comparaison au groupe Oti-Volta et le fait que les autres occlusives restituées soient des sonores conduit à imputer au proto-central *-g en fin de radical. Le kurumfe pose un problème particulier : il comporte dans cette même position des -g et des -k ; certains de ces derniers sont probablement la réalisation de séquences g + g, mais cette interprétation ne saurait être généralisée. Il n'existe cependant pas de séries comparatives comprenant des formes kurumfe et des formes gurunsi ou Oti-Volta qui autorisent à instituer deux formules distinctes pour la vélaire finale. Nous tiendrons donc l'opposition de -k à -g en fin de radical pour une innovation du kurumfe.

En fin de radical également, la variation apparemment libre entre b et w dans plusieurs langues gurunsi nous avait conduit à proposer pour le proto-gurunsi une restitution *w. Un phénomène analogue a été constaté dans certaines langues Oti-Volta, ce qui interdit d'y voir une caractéristique gurunsi. La désocclusion de b en position faible est un fait banal, beaucoup plus, certainement, que l'occlusion d'un w. Cet argument nous avait incité à restituer *-b en proto-Oti-Volta, cinq langues seulement de ce groupe, toutes localisées dans l'est, présentant de façon régulière un réflexe w. La présence de -b en kurumfe autorise, semble-t-il, la même restitution pour le proto-central, soit un inventaire.

*-b	*-d	*-g
	*-ɗ	
*-m	*-n	
	*-s	

Les réflexes correspondant, dans chaque sous-groupe, aux consonnes finales du proto-central sont énumérées dans le tableau 6 ci-dessous :

	kur.	*Oti-Volta*					*gurunsi*		
		O	*buli*	*gurma*	*y-n*	*E*	*O*	*C*	*E*
*-b	b	b w 1	b	b	w	b w 3, 4		b/w	b/w
*-d	r	r d 8, 9 t 1	r	d/r	r	t r 1, 2	r	r	r d/y 1
*-g	g	g ʔ 8	g	g k 5, 6	g	g	g	g	g
*-ɗ	l	l	l	l	l	l r 5	l	l	l
*-m	m	m n 11, 18	m	m	m	m	m	m	m
*-n	n	n	n	n	n	n	n	n	n
*-s	s	s h 2, 3, 4, 5, 8, 10 r 11, 12, 13, 14, 15, 16	s	-	s ʔ 2	s h 2	s	s z 6	s

Tableau 6

2.3. Voyelles

Comme nous l'avons fait pour les correspondances entre consonnes, nous répartirons celles que l'on peut constater entre les timbre vocaliques (aucune correspondance de quantité ni de résonance nasale n'ayant pu être établie) en trois catégories *A, *C et *P fondées sur la distinction généralement admise entre voyelles antérieures, centrales et postérieures. Pour chacun de ces ordres, les indices numériques feront référence, éventuellement, aux degrés d'aperture, 1 désignant le plus fermé. Comme pour les consonnes initiales de radical, l'ensemble de la documentation disponible a été prise en considération, y compris les matériaux kurumfe, et des séries comparatives constituées ; nous n'en citerons qu'un petit nombre, choisies de préférence parmi celles qui illustrent également des formules consonantiques.

Trois formules ont été faciles à établir : *C, attestée entre autres par 1. "gombo", 4. "donner", 12. "chien", dont tous les réflexes sont a[7] ; $*A_1$ (cf. 8. "noir", 11. "enfant", 21. "dix") où ils sont i ; $*P_1$ (cf. 59. "tête", 94. "pintade", 95. "cinq") où ils sont u. Tout porte à supposer que ces formules font référence à des voyelles de même timbre dans la langue ancestrale, soit respectivement *a, *i et *u.

Les faits sont beaucoup moins clairs pour les degrés d'aperture intermédiaires. Il nous a paru prudent de n'utiliser, pour constituer les séries comparatives, que les langues dont le système phonologique a été analysé avec quelque rigueur. Parmi celles-ci, un certain nombre présentent pour les voyelles les plus fermées une opposition de tension ou d'aperture, soit entre /i/ et /ɪ/ et entre /u/ et /ʊ/, sanctionnée en général par un mécanisme d'harmonie vocalique. Ce sont, dans le groupe Oti-Volta, le dagari, le dagara et le moore, langues occidentales ; dans le groupe gurunsi, le kasem, langue occidentale, l'isala, le tamprusi et le vagala, langues du sous-groupe central, et le kabrè, langue orientale. On a tenu compte en outre de quelques parlers

---

[7] Dans quelques séries, telles que 16. "cultiver" et peut-être 25. "bouche", le réflexe de *C est en kurumfe ɛ au lieu de a : fɛr, nɛn. De même le radical du nom du mâle, qui est bar. dans diverses langues gurunsi occidentales et centrales est bɛr. en kurumfe. La même particularité est constatée en finale absolue : les radicaux proto-centraux *ta "atteindre" et *ba "venir" sont représentés respectivement en kurumfe par tɛ et bɛ. Ces faits ne nous paraissent pas fournir une base suffisante pour la restitution d'une seconde voyelle centrale en proto-central ; nous les considérerons, jusqu'à plus ample informé, comme l'effet d'une innovation inexpliquée du kurumfe.

dont la description phonologique n'a pas été publiée, mais pour lesquels on dispose de transcriptions phonétiques précises : soit le birifor, le nura, le kusaal et le gyoore pour le sous-groupe Oti-Volta occidental, et le chakali pour le sous-groupe gurunsi central. Enfin le kurumfe, selon la description qu'en a donnée le P. Prost, comporte également une opposition entre /u/ et /ʊ/, /i/ et /ɪ/. A partir des langues précitées, il est possible d'instituer deux formules $*A_2$ et $*P_2$ illustrées respectivement par 44. "dent", 65. "arbre" et par 5. "blanc", 9. "chèvre" et 31. "mordre". Les réflexes de $*A_2$ sont ɪ dans les langues en question, et i, e, ou ɛ dans les autres (y compris le kurumfe pour lequel la transcription n'est pas toujours rigoureuse), selon une distribution aléatoire qu'on est tenté d'interpréter comme un témoignage de la difficulté qu'éprouvent beaucoup d'enquêteurs à identifier les voyelles lâches. De même, $*P_2$ est ʊ dans les transcriptions sûres, u, o ou ɔ ailleurs. Nous restituons donc pour $*A_2$: *ɪ et pour $*P_2$: *ʊ.

Le champ de la comparaison se réduit, pour les voyelles moyennes, aux langues où une opposition phonologique entre /e/ et /ɛ/ d'une part, entre /o/ et /ɔ/ d'autre part est assurée et confirmée, le plus souvent par une règle d'harmonie vocalique ; soit le dagara pour le sous-groupe Oti-Volta occidental, le kasem, l'isala, le tamprusi, le vagala et le kabrè pour les langues gurunsi, cette liste n'étant probablement pas exhaustive et n'indiquant rien de plus que les limites de notre information. Le fait remarquable est qu'il soit impossible, même en tenant compte de formes supposées exactement transcrites dans d'autres langues, d'instituer deux formules distinctes pour les voyelles moyennes antérieures, aussi bien que pour les voyelles postérieures. Dans les cas les plus favorables, on pourrait, en appliquant les mêmes critères que pour $*A_2$ et $*P_2$, constituer un petit nombre de séries comparatives à partir de formes à voyelles moyennes ouvertes (ou lâches) : ɛ (cf. 7. "écorce", 24. "viande") ou ɔ (cf. 25. "bouche", 38. "boire"). En revanche, aucune série cohérente ne peut être constituée à partir de formes en e ou o, pas même si on limite la comparaison aux six langues ci-dessus énumérées (cf. 37. "deux", 42. "esclave", 77. "courber"). D'une manière générale, il n'y a pas de correspondances systématiques pour e et o entre les langues Oti-Volta et les langues gurunsi, alors que celles-ci sont abondantes pour a, i, u et même, dans une moindre mesure, pour ɪ et ʊ. Nous admettrons donc que les séries 7. "écorce", 24. "viande" et 37. "deux" d'une part, 25. "bouche", 38. "boire", 42. "esclave" et 77; "courber" d'autre part illustrent respectivement une seule et même formule, soit $*A_3$ et $*P_3$ pour lesquelles nous restituerons les voyelles proto-centrales *e et *o.

L'hypothèse proposée pour rendre compte de l'ensemble de ces faits est la suivante : le vocalisme proto-central comportait sept unités :

*i		*u
*ɪ		*ʊ
*e		*o
	*a	

L'opposition de *i à *ɪ et de *u à *ʊ a été conservée en kurumfe ainsi que dans la plupart des langues gurunsi et des langues Oti-Volta occidentales. La dispersion des langues gurunsi exclut l'interprétation des correspondances par un phénomène de contamination, quoiqu'un tel processus ait pu favoriser le maintien de l'opposition dans l'ouest du domaine voltaïque. Une opposition symétrique de la précédente s'est développée entre e et ɛ et entre o et ɔ, indépendamment (comme en témoigne l'absence de correspondances) dans les langues gurunsi d'une part et dans certaines langues Oti-Volta d'autre part.

3. LES SYSTÈMES VERBAUX

3.0. Dans la mesure où l'on admet la validité des formules de correspondance qui ont été proposées, la parenté généalogique des langues Oti-Volta, des langues gurunsi et du kurumfe peut être tenue pour démontrée. En revanche, la reconstruction du phonétisme de la langue ancestrale a été fondée sur une hypothèse, celle de la tripartition du proto-central en trois rameaux : proto-Oti-Volta, proto-gurunsi et proto-kurumfe (cf. ci-dessus 2.1.), qu'il importe de vérifier. L'examen des systèmes verbaux ne procure pas d'arguments décisifs, mais il permet de nuancer quelque peu le schématisme de cette interprétation.

3.1. Il n'est pas possible, en l'état actuel de nos recherches et de notre documentation, de reconstituer autrement que de façon fort approximative le système verbal du proto-central. L'image la plus nette que nous ayons pu former concerne le proto-Oti-Volta : il semble qu'on doive restituer un état où des radicaux à fonction prédicative, éventuellement précédés de particules exprimant les modalités du procès, susceptibles de s'associer entre eux selon le modèle, largement attesté dans les langues voltaïques et ailleurs, des verbes "sériels"[8], pouvaient être élargis par différents dérivatifs, intensifs, inchoatifs, inversifs, imperfectifs ou autres. Ce n'est qu'après la dislocation de la proto-langue que se serait constituée, généralement par spécialisation et extension d'emploi de certains de ces dérivatifs, une oppo-

[8] Cf. W.A.A. WILSON, *Verbal sequences and case markers*, University of Texas, 1971.

sition d'aspect dont les modes d'expression et le contenu même varient selon les sous-groupes (cf. Ma. 1975, II, 6.). Ce même schéma paraît applicable aux langues gurunsi où le sous-groupe oriental et le sous-groupe occidental (notre information sur les langues centrales étant de ce point de vue pratiquement nulle) connaissent l'un et l'autre une opposition d'aspect verbal, mais mettant en jeu un matériel morphologique différent, et diversement organisé : elle est à deux termes, thème radical non-progressif, thème dérivé progressif, à l'est, à trois termes à l'ouest où une forme aoristique sert de base à deux formes dérivées, perfective et imperfective. Il y a donc lieu d'imputer au proto-central une organisation semblable, mais une reconstruction aussi floue, si elle permet de rendre compte du système verbal kurumfe aussi bien que des systèmes gurunsi et Oti-Volta, n'autorise aucune hypothèse quant à la position du premier par rapport aux deux autres.

Nous avons donc entrepris de comparer le système verbal du kurumfe à celui des différents sous-groupes Oti-Volta et gurunsi, en considérant à la fois la structure des systèmes et les éléments lexicaux qui en assurent l'expression. Pris séparément, ces deux critères n'attestent rien de plus que l'emprunt ou l'utilisation d'un patrimoine lexical commun, pour le second, ou une évolution parallèle, par convergence ou contamination, pour le premier ; mais si l'analogie typologique allait de pair avec un appareil morphologique de même origine, on serait en droit de tenir les parlers où ces caractéristiques seraient constatées pour issus d'un même état de langue où le système en question se serait constitué.

3.2. D'après les matériaux procurés par le R.P.A. Prost (s.d., ch. XI et XII), le système verbal du kurumfe paraît être fondé sur l'opposition de deux thèmes, un thème I non-élargi, de sens non-progressif, et un thème II, progressif, généralement élargi en -r-[9], mais qui peut l'être aussi, dans quelques cas, en -ɫ, -g ou -f. Les deux thèmes sont aptes aux emplois injonctif et consécutif (sous la dépendance d'un verbe principal) ; ils servent aussi à exprimer l'éventuel. Dans tous les autres cas, ils sont nécessairement affectés d'une finale assertive, -e pour le thème I, -a ∿ o pour le thème II,

---

[9] Ce morphème comporte diverses variantes : -d- ou -n- après consonne nasale, -l- après l, -n- après voyelle nasalisée ; il s'amalgame en -t- avec un d précédent.

qui subsiste dans l'énoncé négatif. Dans les propositions affirmatives seulement, -e peut être remplacé par un élément -la ∿ lo de sens accompli[10], mais il réapparaît après la négation.

Ce système verbal est typologiquement différent de celui du gurunsi occidental (kasem, nuni, lyele, pana) dont la base, comme il a été dit plus haut, est une forme aoristique radicale, propre à l'emploi consécutif ou éventuel, d'où sont en principe dérivées (sauf cas de supplétisme) deux autres formes, l'une perfective et l'autre imperfective. Il est plus proche, en revanche, du système kabrè (gurunsi oriental) qui repose, selon J. Delord, sur l'opposition de deux thèmes, un thème I non élargi, de sens non-progressif, et un thème II progressif, élargi en -ḱì ou en -́ɣ, l'un et l'autre propres, entre autres emplois, à exprimer l'injonction. Cependant, contrairement à ce qu'on constate en kurumfe, il n'existe pas en kabrè de finales assertives ; mais les deux thèmes peuvent y recevoir une marque d'accompli, suffixée, qui est -á à l'affirmatif et -tá au négatif.

Un parallélisme tout aussi satisfaisant peut être établi entre le système verbal kurumfe et celui qui paraît être commun aux langues Oti-Volta occidentales. Ce dernier comporte un thème I, non élargi et non progressif, et un thème II élargi en -r, progressif. Le thème I peut être suivi d'une particule ya de sens accompli, non compatible avec la négation, mais de distribution plus réduite que la en kurumfe puisqu'elle n'apparaît qu'en fin d'énoncé (Ma. 1975, II, 4.1.1.). Il existe en outre en Oti-Volta occidental des particules assertives, mais beaucoup moins étroitement liées au verbe que ne le sont -e et -a en kurumfe, et dont l'emploi est limité aux propositions affirmatives : ainsi de la, qui d'ailleurs apparaît après l'un et l'autre thème.

L'analogie la plus frappante, entre kurumfe et Oti-Volta occidental, concerne évidemment l'élargissement en -r (phonologiquement /d/) du thème II. Il ne semble pas néanmoins qu'on puisse y voir un indice de proche parenté. En kurumfe, -r- n'est pas le seul élément de formation du thème II, mais seulement le plus fréquent. Il a pour équivalents fonctionnels -t, -g, -f ; cependant les deux premiers de ces morphèmes ont une distribution limitée : -t n'apparaît (en concurrence avec -d, variante de -r) qu'après Vn, réalisé Ṽ, -g seulement dans l'amalgame -k après des bases CVg, d'ailleurs irréguliè-

---

[10] Cet élément -la n'existe pas, du moins sous une forme phonématique, dans le dialecte d'Aribinda.

res en ce qu'elles sont en supplétisme avec des bases CV de même sens. Quant à -f, il bénéficie d'une spécialisation précise : quoique substituable à -r dans quelques cas, il est plus fréquemment attesté dans des verbes d'état comportant la finale -a propre au progressif. Ainsi, -t, -g, -f font figure de vestiges d'un état de langue où les modes de formation du progressif étaient plus variés qu'aujourd'hui ; il en résulte que la prééminence de -r dans cette fonction est un phénomène relativement récent et non pas l'héritage d'une lointaine langue ancestrale. Le même raisonnement s'applique à -r en Oti-Volta occidental. Il y a lieu de penser que ce morphème a été originellement un dérivatif caractérisant le procès dans son devenir, sens qu'il a conservé dans le groupe gurma (Ma. 1975, II, 4.1.3.) et qu'il ne s'est spécialisé que tardivement en fonction de marque de l'inaccompli, dans le seul groupe occidental (op. cit. II, 4.3.). Dans ces conditions, l'hypothèse la plus vraisemblable n'est pas celle d'une tradition commune aux langues Oti-Volta occidentales et au kurumfe, mais d'un développement parallèle, impliquant contact et contamination.

3.3. Les ressemblances typologiques entre le kurumfe et les autres langues ici considérées sont beaucoup plus incertaines ou franchement inexistantes. En revanche, si l'on examine l'ensemble des matériaux, on discerne des analogies morphologiques curieusement éparses. Les moins probantes, en raison de la proximité géographique, s'établissent entre kurumfe et gurunsi occidental : la marque suffixale propre à la deuxième personne du pluriel de l'impératif est -na en kurumfe, -na/-a en kasem, -a en nuni ; la particule de prohibition est ka en kurumfe, kaa en lyele, le morphème caractéristique des formes de progressif, -a en kurumfe, -a ou -e/i dans les langues gurunsi occidentales. Cette dernière analogie est peut-être spécieuse, parce que le contenu de kur. -a et de gur. occ. -a n'est pas identique, et parce que le répertoire des morphèmes vocaliques étant nécessairement limité à l'inventaire des voyelles, les risques de convergence fortuite sont considérables.

Dans ce dernier domaine, cependant, un rapprochement moins incertain peut être tenté entre le système verbal du kurumfe et celui qui a été attribué au proto-yom-naudem (Ma. 1975, II, 4.1.2.), où une opposition binaire d'aspect aurait été marquée soit par une alternance radicale, soit par suffixation de *-e/i ou Ø au perfectif et de -a à l'imperfectif. La distribution des deux marques vocaliques est ici parallèle à celle des finales assertives de même timbre en kurumfe. D'autre part, il est à remarquer qu'un suffixe -a est fréquemment ajouté aux verbes d'état en buli et en dagbane, langues Oti-Volta, comme en kurumfe. Comme le kurumfe, le bieri, le wama et le tayari (Oti-Volta oriental) ont de nombreuses formes de perfectif en -e, ou en -i, mais celles-ci s'opposent à des imperfectifs en -u ou -o, ce qui rend l'analogie incertaine. Les langues de ce même sous-groupe, du moins le tãmari, le bieri et le tayari possèdent également une marque -ku/ko d'imperfectif à laquelle correspond, dans les deux premières de ces langues, un suffixe inchoatif homophone (Ma. 1975, II, 4.1.4.). Il y a quelque ressemblance entre cette marque et l'élargissement -g du thème II, progressif, de certains verbes kurumfe, et aussi avec les suffixes -ḱ̀ɪ et -ɣ́̀ de progressif en kabrê (gurunsi oriental). D'autres analogies de forme et de contenu peuvent être relevées en ce qui concerne les dérivatifs verbaux : entre -s factif en Oti-Volta occidental et -s factitif-inchoatif en kurumfe ; entre *-g ingressif en proto-Oti-Volta et -g transitif-factitif en kurumfe ; entre *-t inversif en proto-Oti-Volta et -t inversif en kurumfe. Ce dernier cas est particulièrement significatif, car *-t inversif n'est pas attesté sur l'aire Oti-Volta occidentale, sauf en buli ; l'hypothèse d'un emprunt paraît exclue, mais non pas celle d'un hasard. Notons enfin, pour la négation, la correspondance entre proto-Oti-Volta *ba/*be/*bo, gurunsi occidental ba/be (kasem be/bə, nuni ba ; cp. pana ba, marque de prohibition), et kurumfe ba.

3.4. En résumé, les analogies typologiques nous paraissent être trop générales et leur distribution trop vaste pour autoriser le rattachement du système verbal kurumfe à l'un de ceux qui ont été restitués pour les différents sous-groupes gurunsi ou Oti-Volta. En revanche, les correspondances morphologiques sont trop nombreuses et, pour certaines, trop précises, celles en particulier qui concernent les sous-groupes yom-naudem et occidental (Oti-Volta) et le gurunsi occidental, pour qu'on puisse les imputer toutes au hasard. Une hypothèse propre à rendre compte de l'ensemble de ces faits est d'admettre que le kurumfe, les langues Oti-Volta et les langues gurunsi ont une origine commune dont témoigne l'existence d'un stock commun de morphèmes, que le kurumfe a évolué au contact des langues yom-naudem et des langues Oti-Volta occidentales, et peut-être déjà au contact de la proto-langue d'où les unes et les autres sont issues (Ma. 1975, IV, 3.), ce qui expliquerait la partielle analogie de structure entre les systèmes verbaux de ces divers parlers, et qu'il ne s'est trouvé qu'à date relativement récente au voisinage des langues gurunsi occidentales. La ressemblance avec le kabrè, langue gurunsi orientale, est embarrassante ; en bonne logique, il faudrait en tirer la même conclusion que de celle qui a été constatée entre kurumfe et langues Oti-Volta, c'est-à-dire supposer une période de développement conjoint. La difficulté peut être levée si l'on accepte la localisation proposée pour le proto-Oti-Volta : le nord-ouest du Dahomey (Ma. 1975, IV, 1.3.), et si l'on suppose que le sous-groupe gurunsi oriental situé dans cette région même est demeuré le plus proche de l'aire proto-gurunsi. Il en faudrait déduire que le lieu d'origine du proto-kurumfe se trouvait là aussi. Il va de soi qu'un tel échafaudage d'hypothèses est d'une grande précarité.

4. LA CLASSIFICATION NOMINALE

4.1. Les systèmes classificatoires

Les conclusions qu'on a cru pouvoir tirer de l'examen des systèmes verbaux, quant à la position relative du proto-kurumfe[11], du proto-Oti-Volta et du proto-gurunsi sur l'"arbre généalogique" des langues issues du proto-central, sont confirmées par l'étude des systèmes de classification nominale.

Le système des classes nominales en kurumfe est analogue à celui qu'on trouve en moore, par exemple ; il comporte plusieurs "genres" classificatoires, c'est-à-dire deux séries de classes suffixales, de singulier et de pluriel, généralement appariées (comme sg. -ga et pl. -i : vaga, pl. vai "chien", hambəga, pl. hambi "karité", ou sg. -ko et pl. -bi : fɛko, pl. fɛbi "arbre", kyɛko, pl. kyɛbi "champ"), et un "genre unique", à marque -m, où l'on trouve des substantifs désignant des abstraits, des masses ou des fluides : par exemple sɔ̃m, "mort", tɔm "cendre", hem "eau". Il existe en outre trois suffixes multiplicatifs : -ma, -fi, -o ; l'un des suffixes de singulier : -fe, assume aussi une fonction singulative. Cette organisation n'a pas de contrepartie dans le système pronominal ; elle n'implique d'autre part aucun mécanisme d'accord entre les constituants de l'énoncé. Ce type de classification nominale est également représenté dans diverses langues Oti-Volta et gurunsi, mais dans tous les cas, il est alors possible de l'interpréter comme résultant d'un type plus complexe, attesté dans une ou plusieurs des langues du

---

11 Ce terme désigne conventionnellement, ici et dans ce qui suit, le rameau dont le seul représentant connu est le kurumfe. Il est possible que des recherches ultérieures obligent à y rattacher d'autres groupes, ce qui conduirait à assigner un autre nom à la proto-langue d'où ceux-ci et le kurumfe seraient réputés issus.

sous-groupe considéré, et dans lequel chaque classe nominale est caractérisée à la fois par un anaphorique et par un suffixe, originellement variantes d'un seul et même morphème. Ainsi peut-on rendre compte, dans le sous-groupe Oti-Volta occidental, du système des classes en moore ou en dagbane par référence à celui qui a été conservé en gurenne, ou de ceux du cãla, du delo et bago, langues gurunsi orientales, par référence à celui du kabrè, membre de ce même sous-groupe. Il est permis de supposer que le kurumfe a subi une évolution semblable et qu'il a possédé, dans un état antérieur, un système classificatoire à marques pronominales et suffixales analogue à ceux qui ont été restitués pour le proto-Oti-Volta et le proto-gurunsi.

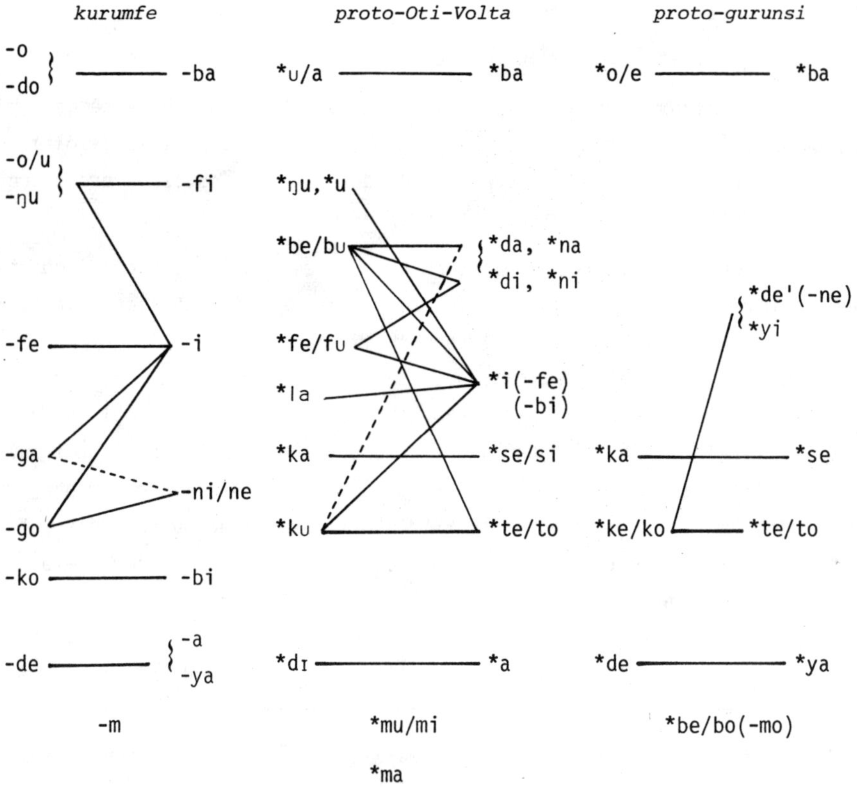

Tableau 7

Il suffit d'examiner le tableau 7 pour constater combien est improbable l'hypothèse d'une filiation entre le système kurumfe et celui du proto-gurunsi. Le premier est beaucoup plus riche que le second ; il a notamment des correspondants distincts : -i et -ne/ni pour deux classes, *de' et *yi déjà confondues en proto-gurunsi : les réflexes de *de' en gurunsi occidental sont fonctionnellement équivalents à ceux de *yi en gurunsi oriental, et dans tous les cas, les formes nominales susceptibles d'être remplacées par ces anaphoriques ont un même suffixe, réflexe de *-ne, également attesté dans les formes correspondantes en gurunsi central (Ma. 1969, 3.3.1., pp. 20-21 et 3.5.2., p. 37). D'autre part, des oppositions absentes en proto-gurunsi sont communes au proto-Oti-Volta et au kurumfe : ainsi de kur. sg. -o/u, -ŋu, pl. -i et de O.V. *u, *ŋu, pl. *i, *yi, *ki, *ŋi et de kur. sg. -fe, pl. -i et de O.V. *fe/fu, pl. *i, *yi, *ki, *ŋi[12]. Il est probable enfin, comme nous le verrons ci-dessous, que kur. -ne/ni soit le correspondant de la classe *di, *ni (*da, *na dans les langues orientales) du proto-Oti-Volta. Malgré ces traits communs, cependant, il ne paraît pas possible de tenir le système kurumfe pour dérivé du système proto-Oti-Volta tel que celui-ci a été restitué, parce qu'il comporte des morphèmes de pluriel -fi et -bi dont on ne trouve de rares vestiges que dans le sud-est de l'aire Oti-Volta, et parce que l'organisation des oppositions est différente, notamment en ce qui concerne la position qu'y occupe -ne/ni. La confrontation des systèmes proto-Oti-Volta et proto-gurunsi conduit à une conclusion analogue : la confusion, en proto-gurunsi, des classes correspondant à O.V. *be/bu et *mu/ni suggère plutôt des réorganisations divergentes d'un même système antérieur qu'une réduction du système proto-Oti-Volta à l'état proto-gurunsi. L'hypothèse la plus vraisemblable, dans l'état actuel de la recherche, est donc la suivante : les trois systèmes de classification nominale, proto-Oti-Volta, proto-gurunsi et proto-kurumfe (celui-ci impossible à restituer) dérivent d'un même système antérieur, proto-central.

---

12 Dans de nombreux cas, les séries comparatives constituées par les morphèmes de classe obligent à restituer en proto-Oti-Volta deux ou plusieurs séries fonctionnellement équivalentes, mais distinctes. Il est souvent possible d'en rendre compte en invoquant un mécanisme d'alternance vocalique (Ma. 1975, I, 3.4.) d'ailleurs également attesté en proto-gurunsi (Ma. 1969, 2.3.2.) : ainsi pour *fe/fu par exemple. Faute d'une telle justification, nous juxtaposons les formes équivalentes qui, d'ailleurs, ont souvent des réflexes concurrents à l'intérieur d'une même langue (cf. *i, *yi, *ki, *ŋi, par exemple, Ma. 1975, II, 1.6.).

4.2. Le système proto-central

4.2.1. La restitution du système des classes nominales en proto-central comporte deux opérations distinctes. La première consiste en l'examen des correspondances entre les morphèmes de classe appartenant aux trois systèmes considérés, correspondances de forme, établies par application des formules ci-dessus proposées (cf. 2.2. et 2.3.), et correspondances de contenu. Par "contenu", on ne peut entendre ici que les relations d'opposition et de complémentarité que chaque morphème entretient avec les autres morphèmes du système. Ainsi proto-O.V. *dɪ, proto-gur. *de et kur. -de sont-ils tenus pour correspondants parce qu'ils font référence à la formule $*D_3$ (cf. ci-dessus 2.2.1.2.) et comportent tous trois une voyelle antérieure[13] et parce qu'ils s'opposent respectivement à des morphèmes eux-mêmes correspondants : *a, *ya, *ka, *ŋa en proto-Oti-Volta, *ya en proto-gurunsi, -a, -ya en kurumfe. Tous les cas ne sont pas aussi simples : il arrive qu'un morphème ne figure que dans deux des trois systèmes en question : ou bien qu'il n'ait pas de correspondant dans les autres proto-langues, telles qu'elles ont été restitués, mais qu'on en découvre des vestiges dans l'un ou l'autre des sous-groupes issus de celles-ci. L'inventaire des oppositions imputables au proto-central ne se limite donc pas aux concordances constatées entre les trois systèmes. Il est en réalité fondé sur deux hypothèses dont la première peut être énoncéé comme suit : dans la langue originelle, les formes d'une même classe comportaient un même trait sémantique dont le morphème de classe était l'expression. Deux cas étaient théoriquement possibles : ou bien tel radical nominal comportait, dans sa définition sémantique, le trait exprimé par le morphème et il était classé "en raison de son sens", ou bien il ne le comportait pas et le morphème de classe jouait par rapport à lui le rôle d'une marque de dérivation. Des traces de ce mécanisme sont décelables dans de nombreuses langues voltaïques : ainsi en yom (Oti-Volta), la classe ka comporte-t-elle, entre beaucoup d'autres, le nom de l'enfant bɛɣa[14] et celui de quelques arbres (normalement classés sous ko) lorsqu'il s'agit de sujets de petite taille : gɔmɣo "un fromager", gɔmɣa "un petit fromager" (Prost 1973 c). Notre

---

[13] La restitution du vocalisme ɪ en proto-Oti-Volta (Ma. 1975, II, 1.11.1.) comme celle de e en proto-gurunsi (Ma. 1969, 3.3.1.) sont incertaines.

[14] Le nom de l'enfant appartient à cette classe dans la grande majorité des langues ici examinées, et des langues voltaïques en général.

seconde supposition, justifiée par l'abondance des correspondances de sens sans correspondance concomitante de forme, est que lorsqu'un radical venait à être remplacé par un autre de même sens, ce dernier recevait normalement les marques de classe de son prédécesseur. Par exemple le fait que le nom du jour soit de classes *de - *a en gourmantché (Oti-Volta gurma) : daali, pl. dana, en naudem (Oti-Volta yom-naudem) : sg. goore, pl. goora, en kabrè (gurunsi oriental) : sg. wíyè, pl. wéè et en kurumfe sg. wɛtɛ, pl. wɛra, implique, selon nous, que le concept de "jour" (en tant qu'unité de temps) était lié en proto-central, probablement par le trait "élément discret", à l'opposition *de - *a. Notre méthode consiste donc à comparer systématiquement, du point de vue de la forme et du contenu, les classes et les "genres" attestés dans les trois systèmes considérés, et à former le cas échéant des hypothèses quant aux processus qui ont pu aboutir à la perte d'oppositions imputées au proto-central ou à la constitution d'oppositions nouvelles dans l'une ou l'autre des proto-langues qui en sont issues.

4.2.2. O.V. *ʊ - *ba ; gur. *o - *ba ; kur. -o - -ba

La correspondance entre les "genres" proto-Oti-Volta, proto-gurunsi et kurumfe est tout à fait satisfaisante, tant sur le plan de l'expression (compte-tenu du caractère incertain de la restitution de *ʊ en Oti-Volta ; (cf. Ma. 1975, II, 1.2.1.1.) que sur celui du contenu : dans tous les cas, les noms appartenant à ce couple de classes désignent principalement des personnes, et en particulier des agents. Nous n'en tirerons cependant pas argument ici, car cette analogie est beaucoup trop commune[15] dans les langues à classes pour avoir, en ce qui concerne la reconstruction du proto-central, la moindre valeur démonstrative. En revanche, une correspondance significative s'établit entre des suffixes caractéristiques, dans les trois langues, de formes classées sous *ba, mais eux-mêmes irréductibles à ce morphème. Ainsi en kurumfe, un suffixe -(a)ma[16], substituable à -ba (sɔfɔ, pl. sɔfəba ou sɔfəma "chasseur") est affecté à certains noms de parenté, par exemple bara, pl. barəma/barma "mari" ; kaka, pl. kakama "grand père" ; bana, pl. banama "oncle utérin" ; à des ethnonymes : bellama "Bella" ; à des noms

---

[15] Cf. par exemple P.P. De WOLF, *The noun class system of Proto-Benue-Congo*, The Hague, 1971, pp. 52-53, et B. HEINE, *Die Verbreitung und Gliederung der Togorestsprachen*, Berlin, 1968, p. 187.

[16] (a) est probablement une voyelle d'épenthèse ; elle n'apparaît qu'après un radical terminé par une consonne : cf. kaimo, pl. kaimba ou kaimama "vieillard".

d'emprunt : zapa, pl. zapama (moore) "cordonnier" ; kafe, pl. kafema "café", radio, pl. radioma "radio", etc. D'autre part, A. Prost indique que ce suffixe "est redoublé en mma pour marquer un ensemble de personnes de même catégorie", par exemple dans sa, samma "père", ou yã, yãmma "mère". Nous pensons qu'il s'agit d'un autre morphème, distinct de -ma. Il a en effet été restitué en proto-Oti-Volta, à partir de correspondances attestées dans les sous-groupes oriental, gurma, yom-naudem, buli ainsi qu'en bulba (Oti-Volta occidental) un suffixe *-mba ajouté à des substantifs non pluralisables, parce qu'ils font référence à des êtres uniques par définition ("père", "mère" ; noms propres), pour désigner précisément des ensembles de personnes de même catégorie (Ma. 1975, II, 1.2.2.1.). Nous n'en connaissons de correspondant, pour les langues gurunsi, qu'en isala (Funke 1922, pp. 73-74) : ná, námbà "mère", mais avec une distribution plus large, partiellement analogue à celle de -ma en kurumfe : hahiɔ, pl. hahiámba "vieille femme", kaya, pl. kayémba "petit panier", etc. En ce qui concerne ce dernier morphème, la répartition des correspondances est inverse : on les trouve en gurunsi central (winyé) et en gurunsi occidental (lyele) où un suffixe -ma est employé pour former le pluriel de noms de parenté ou de noms d'êtres humains : lyele nebal, pl. nebama "homme de la maison de la mère" ; winyé nyino, nyinəma "père", nao, nanəma "mère" (Ma. 1969, II, 3.5.2.) ; il n'y a pas trace de -ma dans les langues Oti-Volta sauf en buli où l'on trouve ŋanuba, pl. ŋaniima "belle-mère", ŋakyüaba, pl. ŋakyüema "beau-père", naaba, pl. naaləma "chef", gbanzaba, pl. gbanzabəma "cordonnier" (mais ma, maaba "mère" ; kwo, kwoba "père"). Notre hypothèse est que le proto-central a possédé deux morphèmes distincts *-ma et *mba, probablement l'un et l'autre de valeur multiplicative et propres aux noms de personne, conservés en kurumfe, mais dont les réflexes se sont partiellement confondus au profit de *-ma dans les langues gurunsi, de *-mba dans la plupart des langues Oti-Volta.

4.2.3. O.V. *di, *ni (*da, *na) ; gur. *de ; kur. -ne/ǹi

Il est plus facile, pour ces classes, d'établir un parallélisme entre proto-gurunsi et kurumfe qu'entre cette langue et le proto-Oti-Volta, ou qu'entre les deux proto-langues. Pour le proto-gurunsi, il a été restitué une classe *de', *yi (gur. occidental : kasem de, lyele ne ; gur. oriental : kabrè ὲ/ì, lamba (n)yi ; cf. Ma. 1969, 3.3.1.) dont la marque suffixale est dans toutes les langues -ne/ni (op. cit. 3.5.2.). Il semble que *yi, représenté seulement par des anaphoriques et dans les seules langues orientales, ne soit plus qu'un vestige et que les formes issues de cette classe aient été reclassées sous *de' dont elles ont reçu lar marque suffixale -ne ; on constate en effet qu'une partie des formes de classe *de' en gurunsi ont pour correspondants ou équivalents des formes de classe *i en Oti-Volta, notamment dans les sous-groupes yom-naudem et gurma (cf. 9. "chèvre" ; 39. "tête" ; 70. "poule" ; 76. "fromager" ; 85. "peau" ; 96. "arbre"). On a d'autre part des raisons de penser (op. cit. 3.3.1.) que *de' fournissait en proto-gurunsi les pluriels correspondant aux singuliers de classe *ke/ko, les formes de même radical ayant une valeur collective lorsqu'elles figuraient dans la classe *ɨe/ɨo. Cette opposition *ke/ko- - *de est attestée en gurunsi oriental (lamba ku (-o/u) - nyi (-n/ən) ; kabrè ku (-w) - ɛ̀(-ŋ)) et en gurunsi occidental (lyele o[17] (-o) - ne (-ne)) ; elle est parallèle à celle du kurumfe entre sg. -go et pl. -ne.

Pour la forme et la fonction plurielle, il y a une analogie frappante entre gur. *de et O.V. *di, *ni, la restitution de *di étant fondée sur des correspondances entre yom, tãmari et langues occidentales, celle de *ni sur des correspondances entre langues occidentales, yom et naudem (Ma. 1975, II, 1.7.). Cependant les pluriels de classe *di, *ni correspondent à des singuliers qui portent les marques des classes *fe/fu et *be/bu (ces deux dernières confondues dans les langues occidentales) et jamais à des formes de classe *ku homologue de gur. *ke/ko.

Le parallélisme entre proto-gurunsi, proto-Oti-Volta et kurumfe ne devient manifeste qu'à la condition de prendre en considération deux faits particuliers. Les morphèmes *da, *na sont probablement des variantes, propres aux langues Oti-Volta orientales, de *di, *ni, bien que la complémentarité de distribution ne soit pas parfaite : le tãmari, langue orientale, possède à la fois -di (en tant que suffixe) et un anaphorique da (op. cit. 1.7.3.). Or les langues Oti-Volta orientales connaissent une opposition *ku - *da, *na parallèle à l'opposition gurunsi *ke/ko - *de', quoique beaucoup moins fréquente (ex. "scorpion" : wama sg. nangu, pl. nana, cl. ku,na ; gur. occ. lyele sg. nõ, pl. neme, cl. o ,ne ; gur. central winye sg. lomo, pl. lomeni). D'autre part, il semble qu'en kurumfe, les suffixes -ga et -go soient devenus

---

[17] o paraît être une forme réduite de *ko, anaphorique attendu et qui apparaît dans la forme démonstrative kobo.

interchangeables[18] : "chat" est luko, pl. luguni selon Prost, luka, pl. lugni selon Schweeger-Hefel, "mur" lurgo, pl. luri selon le premier de ces auteurs, luruga/luluga, pl. lulne selon le second. Cela porte à croire que certaines oppositions -ga - -ne sont issues d'oppositions -go - -ne et permet d'ajouter par exemple à la série "scorpion" le terme kurumfe nomaŋa, pl. nomǝni.

En résumé, il y a lieu de penser qu'une opposition analogue à celle du proto-gurunsi *ke/ko - *de' a existé en proto-central. D'autre part une correspondance très nette entre proto-O.V. *ku - *te/to et proto-gur. *ke/ko - *te/to oblige à imputer également cette opposition à la langue originelle. L'interprétation suivante nous paraît susceptible de rendre compte de l'ensemble des données : le proto-central connaissait une opposition entre *ke/ko (ou *ke/ku), singulier, *di, *ni (ou *de, *ne), pluriel, et *te/to, collectif. Cet état a été conservé dans les langues gurunsi. Le kurumfe a perdu le troisième terme de l'opposition, *te/to. En proto-Oti-Volta, au contraire, *te/to a tendu à devenir le partenaire exclusif de *ku ; *di, *ni (*da, *na dans les langues orientales), partiellement désaffecté, mais conservant sa valeur plurielle, se serait réduit en yom-naudem et dans les langues occidentales à l'état d'une sorte de variante de *i, *yi selon une affinité ancienne puisqu'elle a abouti d'autre part à la confusion de *de' et de *yi en proto-gurunsi, aux dépens du second. Toute trace de la classe *di, *ni a disparu en buli et dans le sous-groupe gurma.

4.2.4. O.V. *ŋu, *u - *i ; kur. -o/u, -ŋu - -i/e

Il y a parallélisme entre le "genre" proto-Oti-Volta *ŋu, *u - *i, *yi, *ki, *ŋi et le "genre" -o/u, -ŋu[19] - -i/e du kurumfe pour quatre des quinze noms que comporte (dans notre corpus) ce dernier : "peau" tɔnɔ, pl. tɔne (cp. O.V. naudem gbanu, pl. gbani, cl. ˀu - ˀi ; yom gbanuŋ pl. gbaney, cl. ŋwɔ̃ - i ; konkomba (gurma) gbɛ, pl. gbɛ, cl. ŋ - i) ; "corde" yondo, pl. yondi (cp. O.V. naud. muˀu, pl. miˀi, cl. ˀu - ˀi ; yom mwiũ, pl. mwii, cl. ŋwɔ̃ - i ;

---

18 Ces suffixes sont souvent sémantiquement apparentés dans les langues voltaïques, -ga ayant valeur diminutive, -go valeur "neutre" ou augmentative.

19 -ŋu est habituellement réalisé -Vŋ ou -õ : "poule" est transcrit par A. Prost wonoŋ, "chèvre" bonõ, mais "Lambwetgha (sorte d'arbuste, *Capparis corymbosa*)" komuŋu (pl. komi) ; -o (ou -ɔ) et -u paraissent (comme i et e) être deux notations d'un même son : "balai" est selon les auteurs haso ou hasu.

gangam (gurma) mwi, pl. mwi, cl. u - i) ; "balai" hasu, pl. hasi (cp. O.V. naud. baaru, pl. baare, cl. ʔu - ʔi ; yom saarõ, pl. saarey, cl. ŋwõ - i ; gangam ŋan, pl. ŋan, cl. u - i ; bulba (occid.) sao, pl. sao, cl. hũ - i) ; "fleuve" tao, pl. tay (cp. O.V. gourmantché (gurma) kpenu, pl. kpeni, cl. u - i). On constate que tous les exemples Oti-Volta sont empruntés à des langues de l'est : bulba et langues des sous-groupes gurma et yom-naudem. Celles du sous-groupe oriental entrent également dans la comparaison, sous cette réserve que les formes portant la marque suffixale de la classe *ŋu, *u y ont été fréquemment reclassées sous *u ou sous *ku : ainsi pour "peau" : bieri kwanu, pl. kwani, cl. o - i ; "corde" : bieri ñou, pl. ñey, cl. o - i, tayari õgu, pl. õgi, cl. ku - ki ; tãmari wõ, pl. wẽ, cl. ku - i ; pour "balai" : bieri sao pl. sey, cl. o - i, tayari hɛku, pl. hɛki, cl. ku - ki ; pour "fleuve" : bieri baaru, pl. baari, cl. o - i ; tayari kongu, pl. kongi, cl. ku - ki, tãmari kuo, pl. kuo, cl. ku - i.

Pour cinq autres noms kurumfe en -o/u - -i/e, le parallélisme s'établit pour le groupe Oti-Volta avec les "genres" *u (représenté par o/u) - *i en gurma et *ku - *i en yom-naudem, et, pour le groupe gurunsi avec les genres *o, *e - *yi en kabrè et lamba, langues orientales. Soit "mouton" : kur. pesu, pl. pesi (cp. O.V. gourmantché, (gurma) pia, pl. pe, cl. o - i ; yom pɛɣo, pl. pɛy, cl. ko - i ; gur. kabrè xew, pl. xen, cl. ɛ - ɛ̀[20] ; "pintade" : kur. su, pl. sui (cp. O.V. gourm. kpaano, pl. kpaani, cl. o - i ; naudem kpaŋu, pl. kpani, cl. ku - i ; gur. kabrè suw, pl. suŋ, cl. ɛ - ɛ̀) ; "cheval" ; kur. sundu, pl. sundi (cp. O.V. gourm. taamo, pl. taami, cl. o - i ; gur. kabrè kpaŋnɔ́, pl. kpaŋnáŋ, cl. ɛ - ɛ̀ ; lamba kpɔna, pl. kpɔnaan, cl.[21] i - nyi) ; "poule" : kur. wonoŋ, pl. wone (cp. O.V. gourm. kokolo, pl. kokoli, cl. o - i) ; "chèvre" : kur. bonõ, pl. bone (cp. O.V. yom bəlɣ, pl. bəley, cl. ko - i ; gourm. ŋwabo, pl. ŋwabi, cl. o - i ; gur. kabrè péŋ, pl. pèŋ, cl. ɛ - ɛ̀ ; lamba wɔn, pl. wɔn, cl. i - nyi). Cette organisation qui ne concerne que des noms d'animés, est très probablement dérivée de la précédente. En effet, en proto-gurma toutes les formes de singulier désignant des êtres animés qui, dans les autres langues Oti-Volta, sont réparties entre les classes *fe/fu et *ŋu, *u, ont été systématiquement reclassées dans la classe *u,

---

[20] ɛ̀, forme sujet du pronom de classe, comporte une variante "objet" ɪ̀ qui entre aussi dans la composition de certaines formes pronominales ; ɛ̀/ɪ̀ sont les représentants en kabrè de proto-gurunsi *yi, *i (Ma. 1969, 3.3.1.).

[21] i (peut-être ɪ) est le représentant de proto-gurunsi *e en lamba (Ma. 1969, 3.3.1.).

tout en conservant leur pluriel en *i ; l'opposition *ŋu, *u - *i subsiste, mais les noms d'animés en sont exclus (Ma. 1971, 3.4.1.1.). Ces mêmes noms sont classés en gurunsi oriental, du moins en kabrẽ et en lamba, de façon tout à fait analogue sous *o, *e - *i ; le tem les range sous ke - te. Le yom et le naudem, et, semble-t-il aussi le moba, pour des raisons qui nous sont inconnues, mais auxquelles la proximité géographique ne peut être tout à fait étrangère (moba, tem, yom et naudem formant une aire presque continue), ont classé "chèvre", "mouton", "pintade" (les deux derniers seulement en moba) sous *ku au singulier, comme en tem, mais en maintenant leur pluriel sous *i.

Le point important est ici l'analogie constatée entre gurma, sous-groupe Oti-Volta, et gurunsi oriental. Si l'on admet que l'état de fait constaté dans ce dernier sous-groupe résulte d'une évolution semblable à celle qu'on a supposée pour le gurma, il faut restituer une opposition *X - *i déjà disparue en proto-gurunsi. Tout porte à supposer que *X n'est autre que la classe *ŋu, *u dont l'ancienneté est attestée par la concordance entre proto-Oti-Volta et kurumfe. On est ainsi conduit à imputer au proto-central une opposition *ŋu, *u - *i conservée dans les langues Oti-Volta et en kurumfe, et dont il ne subsiste en gurunsi oriental qu'un lointain reflet.

4.2.5. O.V. *fe/*fu - *i ; kur. -fe - -i.

Les noms kurumfe en -fe - -i ont habituellement des correspondants ou des équivalents de classes *fe/fu - *i dans les langues Oti-Volta occidentales et orientales ; ainsi pour "boeuf" : kur. nagfɛ, pl. nãy, bulba nafo, pl. nii (fu - i), tayari nafa, pl. nɛgi (fa - i) ; pour "abeille" : kur. twẽfɛ, pl. twẽ, bulba sẽẽfo, pl. sẽẽy (fu - i), tayari cɛfa, pl. cɛgi (ta - ki) ; pour "serpent" : kur. doŋfɛ, pl. domi, bulba waafo, pl. waaki (fo - i), tayari wafa, pl. wɛgi (fa - ki) ; pour "côte" : kur. samfɛ, pl. same, moore sĩĩfu, pl. sĩĩ, bieri hafa, pl. hay (fa - i). Là où ce parallélisme ne se vérifie pas, comme por "gombo" : kur. tɔrfɛ, tɔri, "herbe" : kur. wẽyfe, pl. wẽy, "étoile" : kur. nyõnfɛ, nyõne, "poil" : kur. kwẽfɛ, kwẽ, il semble bien que -fe ait en kurumfe la valeur singulative que *fe/fu comporte également dans les langues Oti-Volta (Ma. 1975, II, 1.3.2.) et qui autorise évidemment des formations analogues, mais indépendantes.

Dans le sous-groupe gurma où la classe *fe/fu a disparu, les noms d'êtres animés homologues des noms kurumfe en -fe, -i se trouvent, comme on pouvait le prévoir (cf. ci-dessus 4.2.4.), sous *o - *i : "boeuf" : gourm. nua, pl. nue (o - i), gangam nɛ, pl. nɛ (u - i) ; "serpent" : gourm. wa, pl. we (o - i), gangam wɛ, pl. wɛ (u - i) ; "abeille" : gangam nangansi, pl. nangansi (u - i). Il n'y a pas trace d'une classe telle que *fe/fu en gurunsi, mais en kabrè et en lamba, langues du sous-groupe oriental, certains des termes qui sont en -fe - -i en kurumfe ont un pluriel de classe *yi (kab. ɛ̀, la. nyi) alors que leur singulier est de classe *ke/*ko ou, comme en gurma, de classe *o/e (kab. ɛ, la. i) : "boeuf" : kab. naw, pl. naŋ (ɛ - ɛ̀), la. na, pl. naan (i - nyi) ; "abeille" : kab. tɪw, pl. tɪŋ (ku - ɛ̀), la. ti, pl. tin i - nyi) ; "python" kab. duw, pl. duŋ (ku - ɛ̀), la. di, pl. din (i - nyi).

Ce parallélisme entre gurunsi oriental et gurma est tout à fait analogue à celui qui é été constaté ci-dessus à propos de *ŋu - *i. Nous en tirerons la même conséquence : gurunsi oriental et gurma ont connu une même évolution suscitée par un évènement de même sorte : la disparition d'une opposition *fe/fu - *i, encore attestée en proto-Oti-Volta comme elle l'est en kurumfe, déjà disparue en proto-gurunsi, mais qu'il faut en tout état de cause imputer au proto-central.

4.2.6. O.V. *ka - *se/si ; gur. *ka - *se ; kur. -ga - -i.

Il existe un parallélisme manifeste entre le "genre" kurumfe -ga - -i et les "genres" O.V. *ka - *se/si et gur. *ka - *se dont la correspondance est d'autre part bien établie ; "chien" est vaga, pl. vay en kurumfe, xaɣ, pl. xasɪ (ka - sɪ) en kabrè (gur. oriental), va, pl. vasə en isala (gur. central), kakura, pl. kakuri (ka - se) en kasem (gur. occ.), baaɣa, pl. baase en moore (O.V. occ.), buga, pl. busi (ka - si) en bieri (O.V. oriental), boak, pl. boai en moba (O.V. gurma). Les exemples sont multiples. Tout porte à croire que -ga en kurumfe est le réflexe d'un morphème *ka identique à celui qui a été restitué en proto-gurunsi et en proto-Oti-Volta. En revanche, le pluriel -i, en face de *se, fait difficulté. Il n'est pourtant pas isolé. En kasem et en nuna, les pluriels de classe se ont un suffixe -e/i[22] (Prost 1970, 2.9. p. 986 ; 1971, 2.7. p. 352), alors que le lyele conserve sous la

[22] Ce suffixe a été considéré par nous, probablement à tort, comme issu de *se (Ma. 1969, 3.5.2.).

forme -r un réflexe de *se. Il existe d'autre part en tãmari (O.V. oriental et en naudem (O.V. yom-naudem) un suffixe -i, irréductible à *se/si et caractéristique des classes tãm. si et naud. hi. En naudem, -i coexiste avec -hi (*si), plus rare, dans des contextes analogues ; en tãmari, il est seul employé (Ma. 1975, II, 1.10.22). En moba (O.V. gurma) enfin, les formes de pluriel opposées à un singulier en -g (*ka) ont un suffixe -i ; il n'y a pas trace de l'opposition ka - mu attestée dans les autres langues gurma (Ma. 1971, 3.4.2.2., p. 197).

Ce suffixe -i peut être identifié comme la marque de la classe *i, présente dans toutes les langues où il est attesté. On pourrait supposer qu'il a été substitué indépendamment à proto-gurma *-mu en moba, à proto-Oti-Volta *-se en tãmari et, pour certains mots, en naudem, à proto-gurunsi *-se encore en lyele et en nuna, et à un morphème inconnu en kurumfe ; mais on ne trouve guère, dans cer diverses langues, de justification à une telle substitution. La distribution à la fois ample et sporadique du phénomène, le fait qu'il constitue, là où il est constaté, une irrégularité (en kasem et nuna par rapport au lyele, en naudem par rapport au yom, en tãmari par rapport aux autres langues Oti-Volta orientales, en moba par rapport aux autres langues gurma) suggèrent une autre hypothèse : l'opposition *ka - *i est une opposition ancienne, caractéristique du système proto-central, conservée en kurumfe et seulement à l'état de relique en proto-gurunsi et en proto-Oti-Volta où l'opposition *ka - *se a été généralisée.

Il reste à déterminer si cette dernière doit être tenue pour une innovation commune aux deux proto-langues. Cela impliquerait en fait que celles-ci proviennent d'une souche commune, distincte de celle d'où le kurumfe est issu, où, antérieurement à la différenciation du proto-gurunsi et du proto-Oti-Volta, aurait été créée une classe *se destinée à remplacer *i en tant que terme opposé à *ka. Ce serait là le seul cas où l'analyse conduirait à supposer une parenté plus étroite entre les deux proto-langues qu'entre l'une et l'autre de celles-ci et le kurumfe. Il semble prudent, par conséquent, d'imputer au proto-central à la fois les oppositions *ka - *se et *ka - *i. L'hypothèse serait confirmée si l'on pouvait démontrer que le kurumfe a également conservé des vestiges de l'opposition *ka - *se. Celle-ci existe effectivement dans cette langue, sous la forme -ga - -si, mais on ne peut écarter ici la possibilité d'un emprunt au moore, langue dominante sur l'aire kurumfe : une partie des noms en -ga - -si en sont certainement issus (par exemple sulaga, pl. sulasi "tisserand", mo. sulga, pl. sulse ; gurunga, pl. gurunsi "Gurunsi", mo. gurõga, pl. gurẽse ; guŋa, pl. gunsi "fromager", mo. gunga, pl. gumse) ; quant aux autres, on ne peut pas savoir s'ils sont le vestige d'une opposition désuète ou le produit d'un mécanisme d'analogie. Il est remarquable cependant que lorsqu'un nom en -ga - -si est cité par plus d'une source, il le soit dans l'autre, ou dans les deux autres, avec une finale de pluriel différent : ainsi nioniossé daɣa, pl. dasi "marché" est-il daɣa, pl. dasiu (où -u représente probablement le morphème multiplicatif -o) pour Schweeger-Hefel, et daga, pl. dai pour A. Prost.

4.2.7. O.V. *dɪ - *a, *ya, *ka, *ŋa ; gur. *de - *ya ; kur. -de - -a/ya

Le parallélisme entre les "genres" Oti-Volta, gurunsi et kurumfe est bien établi, aussi bien pour la forme que pour le contenu. On ne peut pas l'imputer à un processus de contamination, car il s'instaure entre kurumfe et gurunsi central et oriental ("jour" : kur. wɛtɛ[23], pl. wɛra; winye wirɛ, pl. wiriɛ ; kabrè wíyè, pl. wéè (du - a)) aussi bien qu'entre kurumfe et gurunsi occidental ("dent" : kur. yɛmde, pl. yɛma, kasem yeli, pl. yela (de - ya) ; "bouche" : kur. nɛnɛ, pl. nɛã, kas. ni, pl. nia (de - ya) ; "oeil" : kur. yibrɛ, pl. yiba, kas. yi, pl. yia (de - ya)) ou entre kurumfe et diverses sous-groupes Oti-Volta ("genou" kur. dumnɛ, pl. dumo ; O.V. oriental bieri dunni, pl. duna (di - a) ; O.V. yom-naud. : yom dəndə, pl. dəna (də - a) ; O.V. gurma : gourm. dunli, pl. duna (li - a) ; O.V. occidental : moore dumdi, pl. duma. Comme le montrent sommairement les exemples cités, le parallélisme affecte aussi bien des radicaux différents, mais de même sens, que des radicaux probablement apparentés ou certainement correspondants. Tout porte à croire par conséquence que l'opposition *de - *a, *ya était présente en proto-central.

4.2.8. O.V. *be/bu, *mu/mi et *ma : gur. *be/bo (*-mo) ; kur. -m.

Le titre de ce paragraphe résume les données du problème posé : en proto-Oti-Volta, une classe *be/bu distincte des classes *mu/mi et *ma a été

---

23 En kurumfe, -te résulte de la contraction de -de avec -d- présuffixal ; de même, -re, -le et probablement -ne sont des variantes de -de ; -o paraît être une variante de -a après voyelle présuffixale tendue.

restituée ; en proto-gurunsi, il n'existe pas d'équivalent connu de la troisième et tout se passe comme si les deux autres étaient confondues ; le kurumfe ne connaît que -m, forme qu'ont très souvent les réflexes de *mu/*mi et de *ma dans les langues Oti-Volta, et ceux de *-mo en gurunsi.

En ce qui concerne ce dernier groupe, il est possible de raisonner par analogie avec ce qui a été constaté ci-dessus, sous 4.2.3. : la proto-langue comporte un anaphorique *yi, attesté dans les langues orientales, caractéristique d'une classe de formes à suffixe *-ne. En réalité, l'anaphorique correspondant à ce suffixe est connu : c'est *de' représenté dans les langues occidentales. L'explication proposée est qu'il y a eu confusion des deux classes et que *yi n'est plus, en proto-gurunsi, qu'une relique. Or *-mo est à *be/bo ce que *-ne est à *yi, à cela près que l'anaphorique correspondant à *-mo n'a pas été conservé : les deux formes sont devenues fonctionnellement complémentaires. Il n'en reste pas moins que cette fusion implique un état antérieur où *be/bo et un hypothétique *mo étaient distincts, soit une organisation analogue à celle du proto-Oti-Volta.

Ce point acquis, il reste à démontrer que cette analogie couvre une correspondance. En ce qui concerne kur. -m, proto-gurunsi *-mo, proto-Oti-Volta *mu/mi et *ma, celle-ci est manifeste sur le plan du contenu : les formes marquées par ces morphèmes désignent, dans les trois groupes, des masses amorphes, indécomposables en parties, ou des abstraits. Dans quelques cas, la correspondance s'étend aux radicaux ; ainsi pour "lait" : kur. yilam, kabrè (gur. oriental) yɪlɪm, kusaal (Oti-Volta occ.) ʔiilim ; pour "cendres" : kur. tɔm, naudem (Oti-Volta yom-naud.) toomu ; pour "urine" : kur. niyem, tobote et gangam (Oti-Volta gurma) nyem. La correspondance de forme n'est satisfaisante que si l'on admet que la distinction entre *ma et *mu/mi et l'alternance vocalique u/i elle-même sont des innovations du proto-Oti-Volta : on n'en décèle aucune trace ailleurs. La vocalisation de la forme proto-centrale est incertaine ; le kurumfe, dont le témoignage serait important, n'apporte aucun renseignement sûr : le suffixe présente les formes -m, après voyelle (ham "faim"), -am, -om, -im après consonne, avec de voyelles probablement épenthétiques ; ainsi dans "toilette" : Schweeger-Hefel hubulam, Prost hubulom ; "culture" : Schw. H. feram, Prost fɛram, "cultures" : Schw. H. fermo, Prost ferimõ. Comme le montre ce dernier exemple, les finales en -mo (nemmo "viande") doivent probablement être tenues pour complexes, -o étant le morphème multiplicatif déjà mentionné (sous 4.1.). Par prudence, nous symboliserons le pronom restitué en proto-central par *mV.

Le problème posé par O.V. *be/bu et gur. be/bo est inverse. La correspondance de forme est très probable, la vocalisation o en proto-gurunsi n'étant fondée que sur le témoignage incertain du tem et sur l'analogie de *te/o ; le kabrè a bu. En revanche, la correspondance de sens est impossible à établir, parce que le contenu de la classe *be/bu dans les langues Oti-Volta est extrêmement confus, (Ma. 1975, II, 1.8.4.) et qu'il est inexistant en proto-gurunsi où *be/bo se comporte comme une variante de *-mo. Cependant, proto-O.V. *be/bu et proto-gur. *be/bo présentent des singularités communes. Ils ne sont clairement attestés que dans l'est du domaine voltaïque : en gurunsi oriental pour le second, dans les sous-groupes oriental, gurma et en bulba, langue du sous-groupe occidental parlée au Dahomey, pour le premier ; à l'ouest, on n'en connaît aucun vestige dans les langues gurunsi et, parmi les langues Oti-Volta, seuls le buli et le gurenne ont conservé un anaphorique de classe correspondant à *be/bu ; les autres n'ont plus que quelques attestations suffixales, notamment dans les noms du to, de l'arc, du serpent, ou bien ont fait de -bo un morphème de dérivation verbale (loc. cit.). Autre trait commun, *be/bu et *be/bo n'appartiennent à aucun "genre" singulier-pluriel : dans les langues Oti-Volta, les pluriels correspondant à des singuliers de classe *be/bu portent les marques soit de la classe *di, *ni (*da, *na dans le sous-groupe oriental), soit de la classe *i, *yi, *ki, *ŋi, soit de la classe *te/to. Enfin *be/bu manifeste, comme *be/bo pour *-mo, une affinité remarquable pour les formes de classes *mu/mi et *ma : en buli, en gurenne, en wama, tayari, tãmari, langues orientales, partout où les noms issus de ces classes avaient perdu leur anaphorique propre, ils ont été reclassés, sans perdre leur suffixe, sous *be/bu, processus identique à celui qui a été postulé pour le proto-gurunsi. Il y a peu de chances pour que ces analogies soient fortuites. Nous nous croyons donc autorisé à reconstituer en proto-central un morphème *be/bu dont l'absence en kurumfe s'explique probablement par la localisation occidentale de celui-ci, et par la réduction de son système pronominal : le dialecte gurenne de Haute-Volta, où les pronoms de classe ont disparu, ne conserve de vestige de *be/bu que dans trois substantifs (saɣbɔ "to", taapɔ "arc", kiibɔ "savon"), et un adjectif démonstratif : buna (Prost 1972 a).

4.2.9. Kur. -bi et -fi

Le kurumfe possède deux finales, -bi et -fi, qui n'ont pas d'équivalent dans les systèmes classificatoires du proti-Oti-Volta et du proto-gurunsi, tels qu'ils ont été restitués (cf. ci-dessus 4.1. tableau 7). Il semble cependant que dans le cas présent, la restitution ait été incomplète et que l'extension du champ de comparaison permette d'interpréter comme reliques des morphèmes isolés qu'il avait bien fallu jusque-là tenir pour des singularités propres à certaines des langues étudiées.

En kurumfe -bi, marque de pluriel, s'oppose à -ko[24] pour un petit nombre de noms : fɛko, pl. fɛbi "arbre" ; kyɛko, pl. kʏɛbi "champ" ; goku pl. gobi "houe à semer" ; huku, pl. hubi "varan de terre" ; loku, pl. lobi ou lofi "Spondias" ; luku, pl. lubi "Sclerocarya", auxquels il faut probablement ajouter iku (yiku ?) "termitière" cité par Schweeger-Hefel et yibi "termites", cité par Prost. Cette finale -bi ne peut être assimilée au radical diminutif, car celui-ci est au pluriel -bu : ŋuŋubi, pl. ŋuŋubu "molette". Or il existe en bieri (Oti-Volta oriental) une marque de pluriel -bi qui n'apparaît que dans quelques formes de classe i : sofe, pl. sobi "mouton" ; dɔɔfə, pl. dɔɔbi "varan du Nil" ; ŧopi "termites" (ŧopifə "un termite") ; kambi "cravache" (kambifə "une des lanières"). L'affectation des singuliers à la classe fə est justifiée par leur contenu : noms d'animaux pour les deux premiers, singulatifs pour les deux autres. La classe *fe/fu, dans les langues Oti-Volta, comporte aussi nombre de noms désignant des parties du corps (Ma. 1975, II, 1.3.2.) ; c'est précisément à cette catégorie qu'appartient le seul exemple connu de nom à pluriel -bi dans le sous-groupe occidental, soit en gurenne : sèyífo, pl. sèyíbí "rein" (cl. bo - i).

Le rapprochement entre gurenne et bieri paraît légitime puisque dans les deux cas -bi s'oppose à un réflexe de *fe/fu et appartient à des formes classées sous *i ; il en faut déduire que le proto-Oti-Volta connaissait encore, à titre résiduel, une opposition *fe/fu - bi dont quelques rares

---

[24] La forme -ko d'un suffixe qui est ailleurs -go (sauf après un radical terminé par -g- : titako, pl. titagni "fromager") est inexpliquée. Ce n'est pas le seul cas où la distribution des variantes suffixales pose un tel problème : le nom de la fleur (radical fir.) est au singulier firidɛ, sans contraction et avec épenthèse vocalique, ou fitɛ, avec contraction régulière de dd en t ; comparez aussi somdɛ "rougeâtre" (radical som.) et semnɛ "tamarinier" (radical sɛm.), pɛnde "veine" (radical pɛn.) et nɛnɛ "bouche" (radical nɛn.), etc.

vestiges subsistent ici ou là. Nous ne disposons pour établir une correspondance entre *bi en proto-Oti-Volta et -bi en kurumfe que de la ressemblance de forme, de l'analogie de fonction : dans les deux cas les formes qui comportent ce morphème ont été rangées dans une classe de pluriel, et peut-être aussi de l'analogie des contenus sémantiques : il est curieux qu'en kurumfe comme en bieri, "termites" et "varans" (s'agissant, il est vrai, de deux variétés différentes) figurent parmi les formes en -bi. En outre, dans kur. yibi "termites", sans singulier connu, et dans bieri topi, de même sens, à singulier manifestement secondaire, -bi paraît avoir une même valeur collective, analogue à celle de *te/to, habituellement opposé à *ke/ko (cf. ci-dessus 4.2.3.) qui a disparu en kurumfe. Nous sommes ainsi conduit à imputer au proto-central un morphème *bi dont le contenu était probablement très proche de celui de *te/to, éliminé au profit de ce dernier en proto-gurunsi et, sauf exception, en proto-Oti-Volta, alors que le processus inverse se produisait en proto-kurumfe.

Un raisonnement analogue, quoique fondé sur des faits moins nombreux encore, peut être appliqué à kur. -fi. Ce morphème est en kurumfe un "multiplicatif" ou un "pluralisateur" ; les informateurs de Schweeger-Hefel et ceux de l'anonyme auteur du vocabulaire nioniossé de l'IFAN l'ont souvent ajouté à des formes de singulier qui, selon Prost, ont un pluriel propre ("maison" An. danɣa, pl. danɣafi, Pr. daŋ, pl. dãy ; "arbre" An. feko, pl. fekafi, Pr. fɛko, pl. fɛbi). Il est aussi ajouté à des formes pluriel ("calebasse" Schw. H. ki, pl. kiu, An. kyi, pl. kyufi) ou à des formes en -m en principe non-pluralisables ("eau" hem, hemfi ; "dolo" hinam, hinamfi) ; il s'oppose parfois à un singulatif en -fe ("abeille" : Pr. twə̃fe, pl. twə̃ An. toə̃fe, pl. toə̃fi ; "moustique" Pr. bwə̃fɛ, pl. bwə̃, An. boə̃fe, pl. boə̃fi) ou fournit une base à une formation singulative en -re ("feuille" fɔfrɛ, pl. fɔfi ; cp. à Aribinda fɔgo, pl. fofi) ; il sert enfin à former le pluriel de mots d'emprunt : leba, pl. lebafi "commerçant" (moore), kosogal, pl. kosogalfi "bâtonnet à mâchonner" (peul). Dans un certain nombre de cas, cependant, -fi est opposé à -o/u au singulier, ou à Ø ; par exemple dans foro, pl. forfi "ventre" ; halɔ/halu, pl. halfi "hangar de marché" ; boru, pl. borfi "chemin" (Pr. boro, pl. bore) ; haso, pl. hasefi "balai" (Pr. haso, pl. hasi) ; tɔ/tɔɔ, pl. tɔfi/tɔɔfi "arc".

Il n'existe, à notre connaissance, qu'un seul morphème comparable, dans le sous-groupe gurma (Oti-Volta), en tobote-basari : -fe/-fi. Ce suffixe y est ajouté à des radicaux verbaux : í lèmfè "le fait de parler (lè)", ń sɔ̀mfé "la saison des pluies" (cp. sɔ̀m "être froid") et apparaît dans quelques formes de pluriel, de classe i, dont le singulier est de classe bo : kpasambo, pl. kpasamfe "karité" ; babo, pl. bafe "palmier à huile" ; subu, pl. sufe/sufi "arbre" ; ŋabo, pl. ŋafe "bateau" ; tɔbo, pl. tɔfe "arc" (Ma. 1969, 3.3. 2.9.). Il y a entre kur. -fe et tobote-basari -fe/fi des analogies remarquables : de forme, tout d'abord ; de fonction : l'un ni l'autre ne sont apparemment de simples marques de pluriel. Enfin, on peut difficilement imputer au hasard le fait que le nom de l'arc, très souvent irrégulier, comporte dans les deux langues (parlées l'une dans l'extrême nord-ouest de la Haute-Volta, l'autre dans le centre-nord du Togo et au Ghana) ce même suffixe -fe, partout ailleurs inconnu. Notre hypothèse est que -fe est en kurumfe une survivance et en tobote-basari un fossile ; elle implique par conséquence que soit restitué en proto-central un morphème *fi dont le contenu était peut-être analogue à celui de *bi, puisqu'il est parfois substituable à ce dernier en kurumfe ("Spondias Birrhoea" loko, pl. lobi ou lofi).

4.2.10. Reconstruction

Les observations qui ont été faites et les déductions qui en ont été tirées peuvent être résumées dans le tableau suivant :

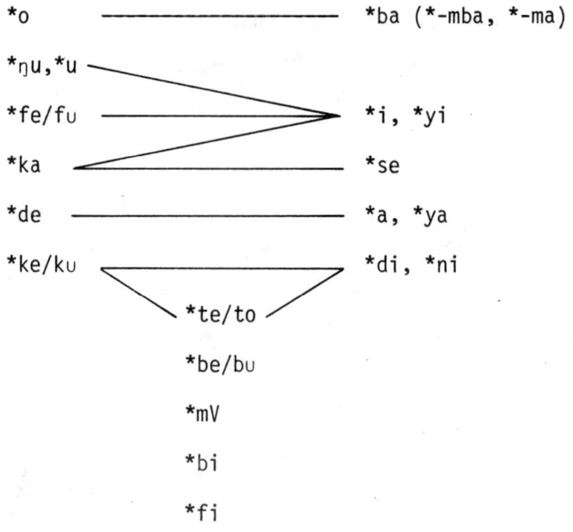

Tableau 8

Telle aurait été l'organisation du système classificatoire en proto-central. La confrontation de ce système avec ceux du proto-gurunsi, du proto-Oti-Volta et du kurumfe (cf. ci-dessus tableau 7 sous 4.1.) montre que la reconstruction proposée exclut l'hypothèse d'une communauté de souche entre les deux proto-langues ou entre l'une de celles-ci et l'ancêtre du kurumfe. Le fait que le proto-Oti-Volta et le proto-gurunsi aient conservé l'opposition de *ka à *se et la classe *be/bu disparues en kurumfe pourrait suggérer que ce dernier est le témoin d'une différenciation précoce du proto-central, laissant subsister un tronc commun appelé à se scinder ultérieurement en nos deux proto-langues ; mais le maintien de l'opposition entre *fe/*fu et *i, *yi en kurumfe et en proto-Oti-Volta donnerait légitimement lieu à une déduction analogue, incompatible avec la précédente, et celui de l'opposition de *ke/ku à *ni en proto-gurunsi et kurumfe à une troisième, également contradictoire aux deux autres. Un examen plus approfondi des données rélève d'autre part un phénomène curieux : lorsque dans l'une ou l'autre des deux proto-langues, une classe, une opposition ou un morphème hérités du proto-central n'ont survécu qu'à titre de vestige, c'est toujours dans un des sous-groupes de l'est que les reliques en sont les plus apparentes ; soit en Oti-Volta oriental pour l'opposition *ke/ku - *di, *ni (sous la forme ku - da, na) ; en gurunsi oriental d'une part, dans les sous-groupes Oti-Volta yom-naudem, gurma et oriental d'autre part pour l'opposition *ŋu, *u - *i, *yi ; en gurunsi oriental encore, en Oti-Volta oriental et gurma pour la classe *be/bu ; dans tous les sous-groupes Oti-Volta, sauf le sous-groupe occidental (bulba mis à part) pour le suffixe *-mba. Le plus remarquable est que dans les trois derniers cas, d'où le sous-groupe Oti-Volta occidental est absent, le bulba qui appartient indubitablement à celui-ci, mais qui est parlé dans le massif de l'Atakora, loin dans l'est, conserve des traces parfaitement nettes du morphème, de la classe et de l'opposition en question (Prost 1974). Compte tenu de cette observation, la localisation du kurumfe, remarquablement conservateur, paraît surprenante : la distribution des reliques du système classificatoire proto-central eût été plus cohérente si le kurumfe avait été situé dans le sud-est de l'aire voltaïque plutôt que dans l'extrême nord-ouest, où il se trouve effectivement.

5. LES DONNÉES LEXICALES

5.1. La reconstruction du système verbal et surtout celle du système nominal attribués au proto-central, qui l'une et l'autre impliquent la dislocation de ce parler en trois unités distinctes, proto-gurunsi, proto-Oti-Volta et proto-kurumfe, fournissent un cadre à l'interprétation des données lexicales : tout radical dont des réflexes sont attestés, conformément aux formules de correspondance établies sous 2.2. et 2.3., dans deux ou moins des trois unités en question sera imputé au lexique du proto-central.

L'étude concerne sur un échantillon constitué par l'ensemble des termes, noms ou verbes, qui nous sont connus à la fois en kurumfe et dans l'une ou l'autre des langues Oti-Volta ou gurunsi, ou bien à la fois dans l'un et l'autre de ces deux derniers groupes. Elle comporte un double risque : tenir pour correspondance ce qui n'est qu'analogie de hasard, attribuer à une tradition commune des correspondances explicables par l'emprunt. La première cause d'erreur est sinon supprimée, du moins fortement réduite par l'application du principe général selon lequel une série comparative valide ne saurait comprendre moins de trois termes ; ainsi n'a-t-on pas retenu la correspondance entre buli (Oti-Volta) yik et kabrè (gurunsi) yiɣe "prendre, attraper". Il est beaucoup plus difficile d'éliminer le second risque. Une ressemblance trop parfaite est en elle-même suspecte : celle qu'on constate entre cãla (gur. or.) kalaŋ "natte" et vagala (gur. central) kálaŋ de même sens, infirme la correspondance qu'on pourrait être tenté d'établir entre ces formes et celles, de même sens également, qu'on trouve en Oti-Volta : dagbane (O.V. occ.) kálɔ, pl. kála, basari (O.V. gurma) kaal konkomba (id.) kal. Sauf les deux dernières, ces langues sont géographiquement séparées les unes des autres, mais toutes sont méridionales et en contact avec des langues kwa.

L'hypothèse d'emprunts indépendants à une source commune est ici vraisemblable. De tels échanges sont moins aisément discernables lorsqu'ils s'effectuent entre des langues étroitement apparentées. La seule précaution qu'on puisse prendre est d'exclure de la reconstruction des analogies de forme et de sens qui ne sont constatées que sur une aire continue, susceptible d'être tenue pour une aire de diffusion lexicale : ainsi du radical lo, lu "tisser" attesté à la fois et seulement en Oti-Volta dans les sous-groupes gurma, oriental et yom-naudem, et en gurunsi dans le sous-groupe oriental. La découverte de ce radical dans les langues Oti-Volta et gurunsi de l'ouest rendrait au contraire improbable l'hypothèse d'une simple diffusion et renforcerait celle d'une tradition commune.

5.2. L'élimination des matériaux douteux ne résout pas toutes les difficultés. On constate fréquemment que les règles de correspondance s'appliquent correctement aux consonnes radicales et imparfaitement aux voyelles. Le fait n'est pas en lui-même surprenant, puisque nous avons décelé en proto-gurunsi (Ma. 1969, 2.3.2.) comme en proto-Oti-Volta (Ma. 1975, I, 3.4.) les vestiges d'un mécanisme d'alternance vocalique qu'on est ainsi conduit à imputer au proto-central. Il n'en reste pas moins que, s'agissant de radicaux monosyllabiques, cette irrégularité affaiblit fâcheusement la crédibilité de certaines séries comparatives. Nous ne tiendrons en principe pour valable l'hypothèse d'une alternance vocalique radicale originelle que dans la mesure où celle-ci est effectivement constatée dans les langues actuelles : ainsi pour le radical "arc" *tom/*tam, attesté entre autres par phwo (gur. central) tɔma, kasem (gur. occ.) tam, táŋá, konkomba (O.V. gurma) tɔ̀m, buli (O.V. bu.) tɔmɔ, dagara (O.V. occ.) tám. On a souvent d'autre part à insérer dans une même série comparative des radicaux CV et des radicaux CVC. Là encore, le procédé est justifiable par un principe général : nous avons admis (ci-dessus, sous 2.2.3.) que les consonnes finales de radical avaient en proto-central le statut morphologique d'élargissements. Il n'est donc pas surprenant que les réflexes d'un même radical se présentent avec des élargissements différents, ou sans élargissement, dans les diverses langues où ils sont attestés. L'explication ne sera cependant retenue, en règle générale, que dans la mesure où le radical se présente en effet avec et sans élargissement ou avec deux élargissements différents à l'intérieur d'un même sous-groupe : ainsi le radical "baobab" est-il to. dans plusieurs langues Oti-Volta occidentales, tor.

en yom et en wama, ce qui autorise à considérer le radical kurumfe ƭog comme un réflexe du proto-central *ƭo, élargi en -g.

Au terme de ce filtrage deux cent trente formes "proto-centrales" ont été reconstruites. Sur ce total, soixante-deux seulement sont fondées sur des séries comparatives où Oti-Volta, gurunsi et kurumfe sont simultanément représentées ; cent une le sont sur des séries Oti-Volta-gurunsi, trente-neuf sur des séries kurumfe-gurunsi, dix-sept sur des séries Oti-Volta-kurumfe. Sur le plan sémantique, la répartition de ces radicaux entre les quatre catégories indiquées paraît aléatoire : *dun/*dum "genou", *ŋim "hippopotame", *ƭe/*ƭo/*ƭu "baobab", *na "quatre" appartiennent à la première ; *ƭi/*ƭu "front", *ña/ñi/ño "crocodile", *gum/*gom "fromager", *nu "cinq" à la seconde ; *ye "dent", *ƭi "éléphant", *pi "caïlcédrat", *fi "dix" à la troisième ; *ñem "urine", *kud "tortue", *do "néré" et *ƭa/ƭan "trois" à la dernière. La proportion des radicaux attestés par des séries communes aux groupes gurunsi et Oti-Volta (48,7 % du total) ne signifie rien : il y a beaucoup plus de chances de découvrir des correspondances par confrontation de deux ensembles constitués respectivement de vingt-et-un et de trente-quatre parlers que par comparaison de l'un ou de l'autre avec une langue unique, le kurumfe. Il est remarquable, en revanche, que le nombre des séries comparatives constituées à partir des parlers gurunsi et du kurumfe soit plus de deux fois plus élevé que celui des séries propres au kurumfe et au groupe Oti-Volta. La disparité est trop forte pour pouvoir être attribuée au seul hasard. Elle implique que le proto-kurumfe est demeuré plus longtemps en contact avec le proto-gurunsi qu'avec le proto-Oti-Volta ou, en d'autres termes, que l'un et l'autre ont appartenu, à un certain moment de leur histoire, à une même aire d'affinités lexicales.

5.3. Il est de tradition de tenter de déterminer, à partir de l'inventaire des radicaux reconstruits, l'époque et le lieu où la proto-langue a été parlée, et aussi de décrire le mode de vie de la population dont elle était l'idiome. L'entreprise est ici décevante, sur les deux premiers points surtout. La zone où poussent à la fois le baobab, le caïlcédrat, le fromager et le néré couvre le sud du domaine voltaïque et s'étend largement au-delà vers l'est et vers l'ouest. La faune est celle des savanes, des galeries forestières et des grands cours d'eau : lion, éléphant, phacochère, singe, pintade, hippopotame, crocodile. Rien du moins dans tout ceci ne contredit l'hypothèse proposée sous 3.4. : l'aire du proto-central devrait avoir coïncidé à peu près avec celle qu'occupent encore les sous-groupes Oti-Volta et gurunsi orientaux, soit le bassin de l'Oti, dans le nord-ouest du Dahomey et le nord du Togo. Quant à la culture que paraît refléter le vocabulaire restitué, elle est étonnamment moderne, en ce sens qu'elle pourrait être imputée, à quelques détails près, à de nombreuses sociétés voltaïques contemporaines. Les Proto-centraux étaient des agriculteurs qui cultivaient le mil, le riz, les pois, le gombo, mais non (si tant est qu'on puisse tirer argument de l'absence de radical commun) l'igname ni la patate. Ils élevaient l'âne (ou peut-être le poney)[25], le boeuf, la chèvre, le mouton, la poule et possédaient des chiens. Ils pilaient et moulaient leur grain, conservé dans des greniers ; ils usaient de soumbala, ou d'un condiment analogue, de sel et d'une graisse végétale ; ils brassaient probablement une bière de mil, puisque le radical "malt" est attesté. Leur équipement technique comportait la lance et l'arc, la hache et le couteau. Ils utilisaient des calebasses, mais savaient modeler des pots et construire en pisé (le radical *ma comporte en règle générale ce double sens), corder et, ce qui est plus remarquable, tisser, ou du moins tresser, et coudre. De leur organisation sociale, nous ne savons à peu près rien ; on remarquera cependant l'absence d'un radical proto-central pour "chef" (il n'y en a pas non plus en proto-Oti-Volta ni en proto-gurunsi) et la présence, en revanche d'un radical *yom "esclave" et d'un radical *yon "co-épouse". Il est bien difficile de situer dans le temps une telle civilisation semblable à toutes celles qui ont pu se développer au cours des siècles depuis les débuts de l'agriculture en Afrique occidentale, soit selon J. Desmond Clark, depuis le début du deuxième millénaire avant notre ère[26]. Quelques faibles indices permettent de formuler une hypothèse un peu moins évasive : la communauté proto-centrale n'a pas connu le cheval de selle, ce qui n'est guère surprenant, ni l'usage du fer. Les plus anciens témoins que l'ait du travail de ce métal dans l'ouest de l'Afrique appartiennent à la culture de Nok, en Nigéria du nord, et sont datés de 250 av. J.C.[27].

---

[25] Cf. Ma. 1975, IV, 1.3.2.

[26] T. Desmond CLARK, "The Prehistoric Origins of African Culture", in J.D. Fage et R.A. Oliver , ed., *Papers in African Prehistory*, Cambridge, 1970, p. 21.

[27] R.A. Oliver, "The Problem of the Bantu Expansion", *ibid.*, p. 147.

Nous ne savons malheureusement pas à quelle époque cette technique a atteint le monde voltaïque, ni par conséquent quel terme assigner à notre communauté. Le *terminus a quo* est plus imprécis encore : si la restitution du radical *go/*gu "kola" est légitime (cf. ci-dessus 2.2.1.4.), il faut admettre que les Proto-Centraux ont utilisé ou connu ce produit et que leur culture est au moins aussi ancienne que le commerce auquel il a donné lieu. Il est à craindre cependant que les origines de ce dernier ne puissent être datées avec précision ; l'argument est de toute façon trop mince pour emporter à lui seul la conviction.

6. CONCLUSIONS

6.1. Les conclusions que l'on peut tirer de l'étude qui précède sont diverses quant à leur nature et à leur degré de vraisemblance. La plus probable concerne la parenté des langues Oti-Volta, des langues gurunsi et du kurumfe : si l'on admet les postulats de la méthode comparative, et sous réserve d'incorrections graves dans la façon dont nous les avons appliqués, on peut tenir pour assuré que ces langues sont issues de la dislocation et de la différenciation d'une langue, ou plus probablement d'un ensemble dialectal (au sens où le *Handbook of African Languages* définit le "dialect cluster"[28]) que nous avons appelé le proto-central. La reconstitution que nous avons proposée du phonétisme, du système verbal, de la classification nominale et du lexique de cette langue n'est que la projection dans le passé du "modèle" qui nous a paru apte à rendre compte des faits actuellement connus. Toute extension ou tout approfondissement de notre information en modifieraient probablement l'image.

6.2. Pour les raisons qui ont été exposées sous 3.4. et sous 4.1., nous supposons que le proto-central s'est scindé en trois unités qui ont connu des évolutions divergentes : le proto-Oti-Volta, le proto-gurunsi et le proto-kurumfe. Il n'est guère vraisemblable que ce dernier ait conservé tout au long de son histoire sa cohésion, pour aboutir au seul kurumfe ; sauf circonstances particulières que nous avons peine à imaginer, il a dû être soumis au même processus de dialectalisation que le proto-Oti-Volta et le proto-

---

28 "A number of dialects, no one which appears to dominate".

gurunsi. Deux hypothèses peuvent être formées : ou bien les autres rameaux du proto-kurumfe ont disparu, par extermination ou assimilation des populations dont ils étaient les idiomes, ou bien certains d'entre eux au moins subsistent, mais n'ont pas été identifiés comme tels. On devrait probablement les rechercher parmi les nombreuses langues parlées à l'ouest de la Volta, encore que le bariba, au Dahomey septentrional, n'ait jusqu'ici fait l'objet d'aucune recherche comparative. En l'état présent de notre étude, l'"arbre généalogique" des langues proto-centrales peut être représenté par le schéma suivant, où le kurumfe est arbitrairement mis sur le même plan que les sous-groupes Oti-Volta et gurunsi[29] :

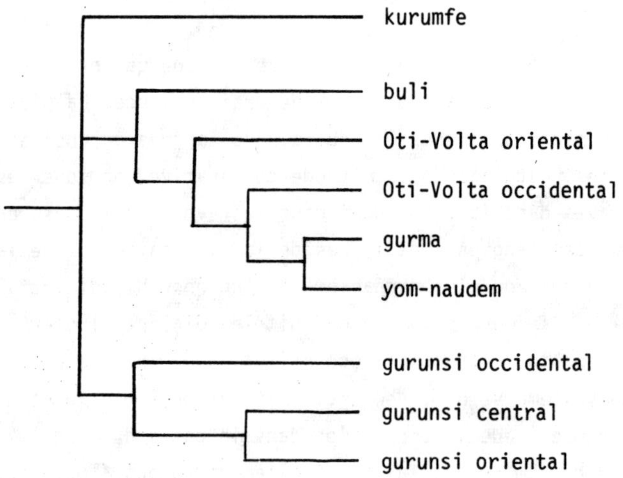

6.3. Ce schéma n'indique que les degrés de parenté et n'enseigne rien quant aux laps de temps qui se sont écoulés entre les scissions successives (la longueur des lignes qui les figurent n'a aucune signification), ni quant aux relations que les différents sous-groupes ont pu entretenir au cours de leur histoire. Des hypothèses ont été formulées, en ce qui concerne les langues Oti-Volta et les langues gurunsi dans Ma. 1975 (IV, 2.2.) et Ma. 1969 (4.3.). Pour le kurumfe, nous ne pouvons que résumer et tenter d'organiser les observations qui ont été faites au cours de cette étude, sans prétendre proposer

---

[29] L'inventaire des langues qui composent ces sous-groupes est donné dans l'annexe 1. Pour les rapports de parenté qu'elles entretiennent à l'intérieur de ces derniers, voir Ma. 1969, 4.3.3. et Ma. 1975, IV, 3.

autre chose qu'une hypothèse provisoire. Les données lexicales donnent à penser que le proto-kurumfe et le proto-gurunsi ont, au début de leur évolution, appartenu à une même aire d'affinités culturelles. Ultérieurement, le proto-gurunsi a subi des transformations profondes, notamment en ce qui concerne son système de classification nominale, qui impliquent peut-être une rupture de contact avec les autres langues proto-centrales, ou bien la pression d'influences extérieures, alors que le proto-kurumfe demeurait proche des sous-groupes Oti-Volta, comme en témoignent les correspondances constatées dans le domaine du verbe (cf. 3.3.) du nom (cf. 2.2.1.2. et 4.2.4.) et, d'une manière générale dans celui du vocabulaire (cf. 2.2.1.1., 2.2.1.2., 2.2.1.3.). Une migration dont la tradition paraît avoir conservé le souvenir[30] aurait à nouveau placé le kurumfe à proximité des langues gurunsi occidentales (cf. 3.4.) avant que son territoire ne fût submergé par l'invasion mossi. Celle-ci est datée, selon les auteurs[31], de la fin du dizième siècle de notre ère, ou du onzième, ou du début du treizième. C'est là le seul repère chronologique dont nous disposions dans l'histoire des langues proto-centrales. Il marque probablement le terme de leur dispersion : rien ne permet de supposer que la distribution géographique de ces langues ait subi depuis cette époque de profondes modifications.

---

[30] Cf. R.P. ALEXANDRE, *La langue mö̃re*, Dakar, 1953 ; II, p. 295 : "Les Nyonyonsé auraient trouvé, dans le pays occupé actuellement par les Mö̃sé, les Kipsi, qui se seraient retirés plus au nord, et ils auraient appelé les Foulsé et les Mö̃se".

[31] Cf. E.P. SKINNER, *The Mossi of the Upper Volta*, Stanford, 1964, p. 205.

ANNEXES

ANNEXE 1

LISTE DES LANGUES ÉTUDIÉES

I. *KURUMFE*

II. *LANGUES OTI-VOLTA*

. *sous-groupe occidental (O.)*

1. bulba
2. nabte
3. talne
4. mampelle
5. dagbane
6. kusaal
7. gurenne
8. gyoorê
9. moore
10. wala
11. birifor
12. nura
13. dagaari
14. dagara
15. dagare
16. loberu
17. gbanyan
18. safalaba
19. hanga.

. *sous-groupe buli*

. *sous-groupe gurma*

1. moba
2. gourmantché
3. gangam
4. konkomba
5. basari
6. tobote
7. kasele

. *sous-groupe yom-naudem (y-n.)*

1. yom
2. naudem

. *sous-groupe oriental (E.)*

1. bieri
2. tayari
3. tãmari 1
4. tãmari 2
5. wama

III. *LANGUES GURUNSI*

. *sous-groupe occidental (O.)*

1. kasem
2. nuna
3. lyele
4. pana

. *sous-groupe central (C.)*

1. isala
2. larhama
3. gouressi
4. tamprusi
5. chakali
6. vagala
7. mo
8. degha
9. siti
10. winyè (ko)
11. phwo

. *sous-groupe oriental (E.)*

1. kabrè
2. lamba
3. tem
4. cãla
5. delo
6. bago

ANNEXE 2

SÉRIES COMPARATIVES

Les séries comparatives données ci-dessous le sont à titre d'illustration. Pour chaque sous-groupe, le nombre des langues représentées a été limité à quatre. Ces langues sont identifiées par le numéro qui leur a été affecté dans l'annexe 1 ; elles ont été choisies en fonction de l'intérêt que représentait, dans chaque cas particulier, l'information procurée par elles ; il en résulte que leur inventaire varie d'une colonne à l'autre du tableau, et que celles-ci doivent être lues verticalement.

En règle générale, les noms sont cités sous leurs formes de singulier et de pluriel, suivies de l'indication des classes correspondantes. Lorsqu'un verbe est représenté par deux formes, la première est celle de l'accompli, la seconde celle de l'inaccompli ; s'il l'est par trois, la première est celle de l'aoriste ou de l'injonctif, la seconde celle de l'accompli, la troisième celle de l'inaccompli. Il arrive fréquemment d'ailleurs que nos sources ne fournissent qu'une forme isolée, sans en préciser l'aspect.

Toute forme radicale, ou non suffixée, est suivie d'un tiret. Une barre oblique sépare deux variantes, ou deux transcriptions, d'une même forme, un point-virgule deux noms ou deux verbes, ou un nom et un verbe de même radical.

	1. "gombo"	2. "rosée"	3. "rire"	4. "donner", "*don"	5. "blanc"
KURUMFE		menengεo	mom	pa, *panam	ponoŋ poniya
O.V. O.	1. maanto te	9. meenem/melεm		1. piri piti, *piim	9. peel-
	9. maande maana	8. mɪɪlĩ			6. peel-
	7. maanne maana de,a	5. malgem			14. pulə pulɪ/pεlɪ
	5. maani maana	15. mεlɔŋ			13. pɪεl-
buli				paat-	peelo/pieeluk piila
gurma	7. maambu maandi bu,i	1. manem		1. *pab	
	1. maan maana	3. man		2. puuna puuni *paabu bu	1. peen
		6. marende		5. pu,pɔ	2. piengu pieni
		7. mεntε		7. pa	4. pɪɪn
y-n.	1. maanə maana də,a	1. mεrəm/mεεlm mə			1. pee-, peel-
	2. mεmbe meeni be,ni	2. maləm mi			2. pfel-
E.	5. maande maana de,ya	1. mεεm n		1. pa pwam, *pabu bu	1. po, pwɔ
		2. maanti ti		2. pa, *pama ma	2. pε-
		4. manti ti		3. *pamu mu	3. pεε-
				5. pε pεti, *pεεre	4. por-
GURUNSI O.		3. myono myondo wa,re	1. mwɔn	1. pa pea pε, *pam	1. -poŋo -pwaano
			2. mwan	2. pa	2. -põ -pã
			3. mwon	3. pa poa pε	3. -pwεn
			4. mom	4. pa	3. poron poronya
C.	2. mana	11. mεlɔ	1. mɔ/moan	1. pa,pã	1. -pula
			2. mon	2. po	4. -pulum
			4. mɔm		7. -pɔŋ
					6. huŋo
E.	1. manε mana du,a	2. amelmeləm	3. muŋa	1. haw hawɣ	1. -hulumɪyε
	2. mandə mana de,ya	5. mεlε	4. mo	3. fa	2. -huləm
				4. fa	3. -fulom
				5. fa	5. wolem

	6. "mouton"	7. "écorce"	8. "noir"	9. "chèvre"
KURUMFE	pesu pesi	pugle pugla	biniŋ biniya	bõnõ bõne (bun-)
O.V. O.	1. pesgo pesto ku,ti	5. pogu/paɣo paɣri	11. biri	6. buuga buuse
	7. pesego piise	8. pɔkɔ pɔʔdɔ/paʔdɔ	19. bir-	8. búúá búúhé
	9. pesgo piisi	14. pɛɣr pɛɣɛ		9. búúɣá búúsé
	15. pɛrɯ piir	9. peoko/paoko peɣdo/paɣdo		14. būɔ̄ būūr
buli	posug piisa	pɔk pɔɣta ko,te		bu bua ko,ŋa
gurma	1. piegu/piog pei	1. pok	1. binn, bɔn	
	2. pia pe o,i	2. pwagu pwagi	2. bwan-	
	3. pe pe u,i	4. puɔɣ kɪ	3. bwon	
	6. pe pi o, i	7. pɔɔre de	5. -bɔn, -bɔr	
ẏ-n.	1. peɣo pɛy ko,i			1. bəryo bəley ko,i
	2. pfɛgu pfɛi ku,i			2. burgu bure ku,ti
E.	3. piogo pieti ku,ti			1. buge busi ka,si
	4. piefa pie fa,i			2. boata boahi ta,hi
	5. sapesuku sapesina ku, na			4. bwɔta bwa ta,si
				5. habodofa habodosu fa,su
GURUNSI O.	1. pia pe	1. poɣo poro	3. -bin -bina	1. buŋu bunnu ku,tɪ
	2. piɔ pɛi ka,se	2. kapo kaporoŋ		2. bon bone (bu-)
	3. pira piisi ga,se			3. bõ bon wa,ne
	4. pisi pisiya			4. bogo bono
C.	1. piese piesee	10. pɔm pone	1. -bɪne	1. boŋ bona
	4. pisa pisi	4. pɛre	4. -blĩm	2. bõn bona (bu-)
	10. piɛro piɛne	7. pɛ	6. -biŋu	11. bunõ bunie
	11. perio perie		7. -bini	
E.	1. hew/xeŋ ke,te		1. -biyu	1. pìŋ pìŋ́ ɛ,ɛ̀ (bɪŋ-/pɪŋ-)
	3. fɛwu fɛni ke,te		5. -bene	2. wɔn wɔn i,nyi
	4. fe feŋ			
	5. fe-			

	10. "excrément"	11. "enfant"	12. "chien"	13. "attacher"
KURUMFE	bena	bi bu	vaga vay	
O.V. O.	6. bɪŋ/bin bina	1. biga bisi ka,si	1. baaɣa baasi ka,si	
	7. bingo binno ko,to	6. biiga biise	6. baaga/baa baase	
	9. bingu bindu	9. biiga biisi	9. baaɣa baase	
	14. bín bine	14. bie biir	14. baa baar	
buli	biŋ binta ku,ti	biik biisa ka,se	biaɣa baasa ka,se	
gurma	1. bint	1. big bit	1. boak boai	4. buu
	2. bindi bi	2. biga bimu ka,mu	4. bɔ bɔ u,i	5. boob
	3. bint ti	3. big bumu kə,m	6. bɔko bo ke,i	7. bo
	6. ben te	4. bo bɪm u,m	12. bɔ bɔe o,e	
y-n.	1. bənnə də	1. bɛɣa bəsə ka,sə	1. baɣa basə ka,sə	1. boo (bob-)
	2. binti ti	2. biga bihi ka,hi		2. bow (bob-)
E.		1. bika bisi ka,si	1. buga busi ka,si	2. boa
		2. bita bihi ta,si	5. buka busu ka,su	3. boo bow
		4. bida bi da,i		5. bombe
		5. bika bisu ka,su		
GURUNSI O.	1. beenu ti	1. bu bia ɔ,ba	4. vɔa vɔaya	1. vɔ
	2. beeŋ	2. biu bia		2. vɔa
	3. byẽ byena	3. bi bia		
		4. bi bio		
C.	1. beŋ/biŋ	1. bie bɪsɪŋ	1. vaha vase	1. vəbə
		6. bie bizi	4. vaha	6. vɔɔ
			10. vaŋa vare	10. vɔbɛ
			11. va varɛ	11. vɔge
E.	1. pɪntu tu	1. biɣa biya (-bisi) ka,sɪ	1. haɣ hasɪ ka,sɪ	1. hɔkɪ/xɔk xɔkɣ
	2. wontə te	2. (yo) wise ka,se	3. faɣ fase ka,se	3. fɔkɛ
		3. bu bia e,be	4. pa pase	
		5. bu bia	6. va vase	

	14. "bras", "épaule"	15. "feuille"	16. "cultiver"	17. "vivre"	18. "souffler"
KURUMFE		fɔ̃fre fɔ̃ti	fɛr	fi-	fuse
O.V. O.	6. bako baxre	6. vauk vaat ; vãũk vããt		9. ví	9. fuuse
	5. bɔɣu baɣre	9. vaðɑo vããdo		6. voe	8. fúhɛ̀
	9. baðko baɣdo	12. vafu			14. fu
	14. bag-	13. vaabu			
buli		viɛku, vioɣo vaata ko,te			fuli fugi
gurma	2. boagu boari ku,ti	1. faagu fat			4. féè
		2. faagu faari ku,ti			
		3. faɡ far			
		4. faaɣ far ki,ti			
y-n.	1. bag-	1. vago var ko,də		1. vum	
		2. vagu vati ku,ti			
E.	2. baku baɣte ku,ti	1. fɛhũ fɛtu hõ,te			3. futa fu
	1. baɣhũ baxtu hõ,te	2. fãku fãti ku,ti			1. fus-
	3. baku bati ku,ti	3. faagu fati ku,ti			
	5. baku bana ku,na	5. faku fatu ku,tu			
GURUNSI O.	1. voŋo vono/voano ko,te	1. vɔɔ vɔɔrɔ ko,te	1. va		1. fuli fuli fula
	2. vãŋ vɛ̃ŋ ko,te	2. vo vɔro ko,te	2. vara		2. fwi
	3. võ vome/vweme wa,ne	3. voo vor wa,re	4. vara		3. fur
		4. vɔr vɔrɔ			
C.	1. vãã vããmba (va-)	1. pəpaəŋ	1. parɛ		1. funi
	2. vaha (võ-)	6. paŋwu/paŋhu	11. pa		
	10. wã-	11. piɛ piɛre			
E.	2. hã-	1. xayiw xatu ku,tu	1. xayɪ xayɪɣ		1. fɛt fɛtɪɣ
	3. famu famin ke,te	2. haro hatə ko,te	2. har haro		3. fosi
	4. pam pamo	3. fawo fate ke,te	4. fare		5. feve
	5. bam bame	5. fare			

	19. "siffler"	20. "nouveau"	21. "dix"	22. "fleur"	23. "scorpion"
KURUMFE		fɪleŋ fɪliya	fi	fitɛ fira	nomaŋa nomǝni
O.V. O.	4. file				1. nanfo nanto ku,ti
	9. fiile				5. nɔnga nɔnse
	7. fuule				6. naŋa namse
	13. fool				9. nãga namse
buli	fiili				nõõga nõõta
gurma	7. fomfo	3. fa-			2. namo nami o,i
					3. nẽ nẽ u,i
					1. nang nani
					6. noom nom o,i
y-n.		1. faaləm/faa-	1. fɛɣa	1. fum mə	1. namər nama də,a
				2. figu fiti ku,ti	2. namga nami ka,hi
E.					1. nanfa nani fə,i
					2. nanfa nangi fa,ki
					4. nãfa nã fa,i
					5. nangu nana ku,na
GURUNSI O.	1. fooli		1. fuga		1. nɔŋɔ nwaanu ku,tɪ
			2. fuga/fua		2. naŋ naŋa ko,te
			3. fi/fia		3. nõ neme wa,ne
			4. fo		4. noŋo noŋoya
C.		1. -fɛlɪŋ	1. fi	1. file fila	1. noəmo noə̃nɛ
		4. -fali	4. fi	10. fyõ fĩnɪ	2. nõma
		6. -falɪ	10. fu		11. namo namie
		5. -fɔlii	11. ɨi		
E.		1. -falʊ -fala	1. hiw hin ku,ɛ̀	1. hɛdɪw hɛtu ku,tu	
		2. -fal	3. fiu/fu	2. hɛro hɛtə ko,te	
		4. -folɛ	4. -fi		
		6. folɛ	5. -fi/-fu		

	24. "viande"	25. "bouche"	26. "arc"	27. "barbe", "*menton"
KURUMFE	nemmo	nɛnɛ nɛã	tɔɔ tɔɔfi	tɛmdɛ tɛma
O.V. O.	1. nento ti	4. nan-	1. tõbo tõbi bo,i	14. tɪɛm tɛmɛ
	14. nɛn nɛnɛ	5. nan-	5. toobu tobere	7. teenga teense ka,se
	5. nəmdi/numdi	1. non-	7. tafo tiini bo,i	9. twɛɛnga teese
	9. neõgo neemdo	6. nɔɔt nɔya	14. tam tamɛ	8. tɛɛŋa tɛɛŋhɛ
buli		nan-	tɔmɔ tima bo,ŋa	tieŋ tiensa ka,si
gurma	1. naaŋ nand		6. tɔbo tɔfe bo,i	
	2. naangu naandi ku,ti		7. tɔ tɔ bo,ɔ	
	3. nant ti		3. tõm tonde bu,i	
	4. nan tɪ		4. tɔm tɔŋ bu,i	
y-n.	1. nɛmɣo nɛmnə ko,də	1. nɔrə nɔra də,a	1. tambə taami bə,i	
	2. namgu namti ku,ti		2. tabe taoni bə,ˀi	
E.	5. nantu tu	1. nun-	1. tiebu tena bu,a	
		5. nore noya de,ya	2. tãm tãna mu,na	
			4. tãmu tãna mu,da	
			5. tabu tana bu,na	
GURUNSI O.	1. nɔm nɔna	1. ni nia de,ya	1. taŋa tɛ̃	1. tɔne tɔna de,ya
	2. naõ nɛɛ̃ de,ya	2. ni nia de,ya	2. toã twẽ	2. toŋe toŋa
	3. nam nama	3. ni nia de,ne	3. twã twer	3. tam/tom tama/toma de,ne
	4. nama		4. tam tameya	
C.	1. namia,neemdo	4. nɔ	1. tɔã tɔsi	1. tɔmɔŋ tɔŋŋɔ
	4. nampun		8. ta	2. toma
	8. naama		10. twẽ twɛrɛ	
	10. nama		11. tɔma tɔne	
E.	1. nantu tu	2. nan-	1. tɔw tɔŋ ku,ɛ̀	1. *tamaɣ tamasɪ ka,si
	2. nantə	1. nɔɣ nɔsɪ ka,sɪ	2. to tin	3. *ten-
	4. nane	4. nɔ nɔse	3. towu tone	6. *tam-
	5. nane			4. tɔnse

	28. "travail"	29. "genou"	30. "manger"	31. "mordre"	32. "danser", "*danse"
KURUMFE	tumde tuma	dumnɛ dumo/duma	di		su/soe, *sɔɔm
O.V. 0.	9. tuumde tuuma	6. dum duma	9. dì	6. dum	8. sɔ̀
	8. tuune tuma	9. dumdi duma	14. dì	9. dumi	9. sao
	7. tuunne tuuma de,a	7. dunne duma de,a	8. dè	11. duŋ	14. sɛ̀b
	6. tum	1. dunde duna di,hã	1. de	14. dũ	
buli	tuini tüüma de,ŋa	dunu duna ko,ŋa	di,de	dɔm/dum	
gurma	1. tuoon	1. dun duna	1. di		1. *siɛb
	2. tuonli li	2. dunli duna li,a	2. dì		
	5. tundi di	3. dunl dun li,i			
	6. tumde/tunde de				
y-n.		1. dəndə dəna də,a	2. de		1. saŋ
		2. dindi dina nde,ʔa			
E.	1. tom n	1. dunni duna di,a	1. di	2. dwonta dwom	
	2. twom mu	2. dure duga ni,ka	2. di		
	4. tõmu mu		3. di/li		
	5. tomma ma		5. di		
GURUNSI O.	1. tɪtuŋɪ tɪtuŋa de, ya	1. nadooni nadoona de,ya	1. dí díá dí	1. dunɪ	1. sa saɣa sɛ
	2. tetoŋe tetoŋa	2. nadwoŋ nadwɛnɛ de,ya	2. di də	2. duã	2. sa
	3. tim tuma de,ne	3. nedõ nedweme wa,ne			3. sa soa sɛ
		4. dune duneya			4. sa
C.	1. tɔtɔme tɔtɔma	1. naduna nadunsuŋ	1. dí	1. dõ	10. sa
	10. təmaa	10. nãdoni nãdõno	4. di	4. dəm	11. sa
	11. tomɛ toma	11. nãdonɛ nãdona	7. di	6. dum	
			5. di	5. duma	
E.	1. tumɪyɛ tumɛ du,a	3. dunde duna	3. di	2. dõ	4. soɛ
	3. temere temɛ de,a	4. done	4. di	4. doŋ	5. sɔe
	4. dotõm	5. done dona	5. di	5. doŋ	6. sosɔrɛ
	5. toma		6. di		

	33. "porc-épic"	34. "couteau"	35. "hache"	36. "chanter" "*chant"
KURUMFE				lil/lel
O.V. O.	9. sɛ̃ɛ̃mde sɛ̃ɛ̃ma	1. suwa suusi ka,si	8. larɛ laya	
	6. sẽẽm seema	7. sua suuse ka,se	9. lare lɛyã	
	14. sãsɪr sãsɪɛ	9. suuga suuse	1. dɛre dɛya di,hã	
	7. saanne saana de,a	14. suɔ sɔru	14. lɛr lɛɛ	
buli	saane saana de,ŋa		liak laasa ka,si	
gurma			4. lal lɪ	4. *lɛ n
				5. *lan n
y-n.	1. saamər saama də,a		1. larɣa lalsə ka,sə	
			2. laddi lara nde,ˀa	
E.	1. sãseri sãsa di,a	2. siri siga ni,ka	1. dari dala di,a	2. die die/de
	3. siẽku siẽti ku,ti	4. sie sie di,ya		3. lente lie
				5. deere deru
GURUNSI O.	1. sene sena de,ya	1. siu siinu ku,tɪ		1. leeni ; *laŋa lɛ ka,se
	2. sono sonoŋ de,ya	2. sio sia ko,te		
	3. syomo syamde wa,ne	3. syi syir ga,se		
C.	1. sam sama	1. sea sesɛ		4. lɔ
	10. siɛm sama	2. sia		
		10. siu sini		
		11. siro sirie		
E.	1. samɪyɛ sama du,a	1. sɛɣa sɛsɪ ka,sɪ	1. ladɪyɛ lada du,a	
	2. samər sama de,ya	3. sea sese ka,se	3. ladə lala	

	37. "deux"	38. "boire"	39. "tête"	40. "poisson"	41. "nom"
KURUMFE		ño	ñu ñufi	ñɛnefɛ ñɛne	
O.V. O.		1. ñu-			1. yore yota di,hã
		5. ñu			6. yuure yuut
		9. ñu			8. yuure yuya
		19. ñu			9. yuure ywiyã
buli	n-leea	ñu			yüe yüɛ de,ŋa
gurma	1. n-le	1. ñu			2. yeli yela
	2. n-le	2. ñu ; ño			3. yel le
	4. n-lee	5. ñɔ			
	6. be-le	7. ño			
y-n.	1. mə-lɛ	1. ñu			1. yeere yeera də,a
	2. mə-re	2. ñi			2. hidəre hida nde,a
E.	2. ma-lɛ	1. hyã hyuan			3. yetidi yeta di,ya
	3. len	2. ni ño			2. yiri yiga ni,ka
	4. dɛni	3. ña ñwã			
		5. ñayi ñau			
GURUNSI O.	1. n-lɛ	1. ñɔ			1. yire yira de,ya
	2. n-lɛ	2. ño			2. yire
	3. -lye	4. ño			3. yil yila de,ne
					4. yere
C.	1. ba-lia/-lea	1. ñɔ	1. ñuŋ ñusi	4. ñɪni	1. yɪreŋ
	4. a-le	4. ñɔ	7. ñuŋ	5. ñinee	10. ye yee
	5. a-lie	6. ñɔɔ	11. ñuõ ñune	6. ñɪŋ	
		5. ñua	5. ñuu		
E.	1. -lɛ	1. ñɔw ñɔwɣ	1. ñuw ñuŋ ku,ɛ̀	5. ñeene ñeena	1. yɪdɛ yɪla du,a
	3. -le	2. ñe	2. ñu ñin ku,nyi		2. yidə yila de,ya
	6. -lɛ	4. ño	4. ñẽ ñẽse		3. yede yera de,a
		6. ñɔ	5. ñẽ ñẽa		5. yɛle yɛla

	42. "esclave"	43. "marché", "*acheter"	44. "dent"	45. "queue"
KURUMFE			yɛmde yɛma	zulle zulo
O.V. O.	1. yamba yambsi ka,si			1. cure cuya di,hã
	7. yamga yamse ka,se			8. ɟuurɛ ɟuya
	9. yamba yemse ; yem-			14. zuur zuɛ
	6. yem-			19. zulri
buli	yomo yüam o,ba	yaba ŋa		ɟunk ɟuta ko,te
gurma	1. yommək yommi			1. ɟoor ɟoa
	2. yombo yombi o,i			2. ɟuoli ɟuona li,a
	3. yom yomb o,ba			4. ɟool ɟo li,i
	6. yombo yombe o,i			5. ɟuul di
y-n.		1. yoko yaɣey ko,i		1. ɟur ɟura de,a
		2. yaku yaɣne ku,ti		
E.	1. yombiri yomba di,a		5. inde inya de,ya	2. yure yuga ni,ka
	5. yombo yombba wo,ba			4. yo ye ku,i
GURUNSI O.	2. yoŋa yoŋe	1. yaga yɛ ka,se ; *yag-	1. yəli yələ de,ya	
	3. yẅom yẅoma mo,ba	2. yɔ yei ka,se ; *ya	2. yɛli yɛlɛ de,ya	
		3. yaa yer ga,se ; *ye	3. yele yela de,ne	
		4. ya yaya	4. yili yiliya	
C.	1. hẅɔmɔ hẅɔma	1. yaba yaose ; *yabɛ	10. ye yi	4. munzuha
	2. yo	2. yawa	11. yilɛ	5. ziŋ
	10. yoŋ yomma	6. yawa ; *yo		
		10. yaba yabre ; *yabe		
E.	1. yom yoma ɛ,ba	1. kɪyakuw kɪyakɪŋ ku,ɛ̀ ; *yab yakɪ		1. suw suŋ ku,ɛ̀
	3. yom yomã e,be	2. ayuko ayukun ; *yab yake		2. kutasu kutasen ku,nyi
		3. *ya yam		3. su
		4. keya		

	46. "chauve-souris"	47. "savoir"	48. "mouche"	49. "silure", "*poisson"
KURUMFE				
O.V. O.	8. ɟãŋɟãŋa ɟãŋɟahĩ	1. ɟãhĩ	1. cuanga cunsi ka,si	1. *cimbra cimmi da,i
	9. zãga zamse	6. zamse	8. ɟuuã ɟũhĩ	8. *ɟĩĩhɔ̃ ɟĩma
	6. zinzaŋo zinzamse	9. zamse	9. zwããga zɔ̃ɔ̃se	9. zimfu zima
	7. zinzongo zinzonno ko,to		14. nazuɔ nazuu	14. *zun zúmɛ
buli	ɟinɟaano ɟinɟaanəta ko,ŋa		nanɟuŋ nanɟunsa ka,si	*ɟum ɟuma bu,ŋa
gurma	1. ɟoŋɟoŋ ɟonɟont		1. kpaɟuk kpaɟut	1. *ɟaŋ ɟani
	2. ɟaŋɟaŋgu ɟanɟandi o,ti			2. *ɟamo ɟami o,i
	3. ɟoŋɟoŋ ɟonɟon u,ti			3. *ɟẽ ɟẽ u,i
	5. nãnɟiũ nañɟiĩ ki,tɪ			6. *ɟɔm ɟɔm o,i
y-n.	1. ɟeemuɣ ɟeemi		1. ɟuŋa ɟusə ka,sə	1. *ɟimpeeɣa ɟimpeese ka,sə
			2. fuɟonga fuɟoe ka,hi	2. ɟomu ɟomi ˀu,ˀi
E.			5. congəfa congəsu fa,su	1. cumfe cumi fə,i
GURUNSI O.	1. zunzuŋu zunzunnu ko,te		1. nanɟoa nanɟw̃i ka,se	
	2. nəzũ		2. nanɟua nanɟwi ka,se	
C.	1. ɟɛnnɛ ɟɛnna	1. ɟaŋ	1. nancɔa nancɔse	1. *camfile camfilie
	11. zima zimɛ	10. ɟɛmɛ	2. nancosi	
		7. ɟimɛ	10. cue cüɛre	
		4. zɪm		
E.	1. sɛmuw	1. sɪm	1. kɔcɔɣ kɔcɔsɪ ka,sɪ	
	3. samuu samin	6. sem	3. ca case ka,se	
		4. ɟeŋ	2. ajɛo ajɛse ka,se	
		5. ɟeŋ	5. cɔ cɔse	

	50. "prendre"	51. "charbon"	52. "père"	53. "foie"	54. "chemin"
KURUMFE	zaŋ		sa		
O.V. O.		1. -cana hã	1. ca camba	1. cãre cãã di,hã	1. sware sɔɔta de,hã
		8. -caale '-cãla	9. samba	9. cɔ̃ɔ̃re cɔ̃yã	6. sɔre sɔya
		6. -sããl -sããla	14. sãã sããmɪnɛ	6. sɔ̃ɔ̃t sɔ̃ya	9. sore sweyã
		7. saanne saana de,a	6. saama saamnama	14. saɣr saɣɛ	14. sɔr sɛɛ
buli					suuku suuta ko,te
gurma					1. sɔɔnu
					2. saanu sani u,i
					3. sẽ sẽ u,i
					5. san
y-n.		1. -cina a	2. sa samba		1. sunuŋ/sənɔ̃ səney ŋwɔ̃,i
					2. huru hure u,i
E.	2. cẽri cẽhu		3. cita citaba u,ba		1. cou/cɛo cɛy o,i
			4. cicɛ		2. cagu caoki ku,ki
					3. ca ca ku,i
					5. coga cosu ka,su
GURUNSI O.	1. ɟa ɟana ɟa	1. cala ya		1. cwɛ cwa	1. coŋa cwe ka,se
	2. ɟa	2. cala		2. cẽ cẽa	2. coŋa coŋi
		3. cele cala de,ne		3. cẽ cã de,ne	4. cini ciniya
C.	1. coŋɛ			1. cuɪŋ	
				10. cuɛ	
				11. cwẽ cwera	
E.	4. canya		1. caa/ɟa canaa/ɟana		
	5. ɟaŋ		2. ci/ɟi cina/ɟina		
			3. ɟa ɟana		
			5. ɟa		

	55. "oeuf"	56. "flèche"	57. "porter", "*charge"	58. "être debout"
KURUMFE	sundre sunda	samde sama		
O.V. 0.			6. zee	6. zɛˀɛ
			7. *zeo zeero ko,to	4. zaani
			8. *zɪɪbɔ	5. zani
			9. *zɪɪbɔ	7. zeele
buli				zaani
gurma				1. set
				2. sedi se
				4. sɪl
				7. si
y-n.				1. zeta
				2. ɟeenta
E.	2. cini cɛga ni,ka			
GURUNSI O.	1. kicare kicara dɵ,ya	1. cem cena de,ya	1. zɪŋɪ	1. zaŋ ; zɪgɪ
	2. cale cala de,ya	2. ceŋ caŋa	2. zaŋ	
	3. cele cala de,ne	3. cam cama de,ne	3. zī	
	4. cira ciraya	4. cɛme		
C.	1. halǝŋ hala	1. hamǝ hama	1. co ; *ciŋa ciŋsǝ	1. ciŋ
	2. hala	2. hama	2. corose	
	10. haa haarɛ	10. himi himɛ	10. cɛge	
	11. hal hala	11. hɛmɛ hɛma	11. *cɔ	
E.	1. yadɛ yala du,a		1. suɣ ; *suɣtu tu	1. sɪŋ
	2. yadɛ yala de,a		2. solo	3. sim
	3. yɛlɛ yala de,a		6. *sokotɔ	6. seŋ
	6. yɛlɛ yɛlana			5. seŋ

	59. "tête"	60. "cheveu", "poil"	61. "enterrer"	62. "faire"	63. "beau", "bon"
KURUMFE					han-
O.V. O.	1. cuwo cuto ku,ti	1. cɔɔtɔ ti	8. ʔù̃	14. ʔį̀ʔ	
	11. ɟuu	6. zuɔbuk zuɔbet	14. ũ	8. ʔèʔ	
	8. zuʔɔ zutɔ	7. zomko zomto ko,to	15. uŋu	6. ʔeng ʔə̃ti	
	9. zugu zutu	9. zóbgo sobdo	16. ü	7. éngè ; ànnà	
buli	zuk zuma ko,ŋa	zuik			
gurma	1. yul	1. yut		4. ŋa	1. ŋan-
	2. yuli yula li,a	2. yugu yudi ku,ti		5. ŋa	2. ŋan-/ŋam-
	3. yul yul li,i	3. yuru yur ku,ti			4. -ŋã-
	7. yiri yi di,a	7. yi i			5. -ŋan
y-n.	1. zugu zii ko,i	1. zigu zir ko,də			
	2. ɟugu ɟuni ku,ti	2. ɟi ti			
E.	1. yori yoa di,a	1. yohũ yoru hõ,te	5. umme ummeti	3. ŋana	
	2. yuri yuga ni,ka	2. yuti ti			
	3. yu yua li,a	3. yurku yuti ku,ti			
	5. yugu yuna ku,na	5. yõtu tu			
GURUNSI O.	1. yugu yuni ko,te	1. yua yüe ka,se			1. ŋwon-
	2. yu yuŋ ko,te	2. yuna yüi ka,se			
	3. yo yẅen wa,ne	3. yẅa yẅer ga,se			
	4. yogo yogoya				
C.	1. yuu yumba		1. ukɪ/wuge	1. a/ha	1. ŋaanɔ
	3. zu		4. hok	10. ʔare	
			6. huko	6. ʔɛʔ	
E.					

	64. "balayer"	65. "corne"	66. "se lever", "*être debout"	67. "sein", "*lait"
KURUMFE	hase	yillɛ yila	yengsi ,*yifa/yiti	yilaŋa yilao ; *yilam/ilam
O.V. O.		1. yeende yeena di,hã	8. ˀikɛ	6. *iilim
		8. ˀɪelle ˀɪela	9. yiki ; yigsi	
		9. yiille yiila	11. isihi ; *ˀar	
		14. ˀɪɪl ˀɪlɛ	19. yisigi	
buli			yiti ; yiri	
gurma	1. ŋare	1. yiin yina	5. yiiki	2. *naŋamma
	4. ŋar	2. yinli yina li,a		
	6. ŋate	4. yiĩ yiĩ n,i		
		5. yi n		
y-n.		1. yində yina də,a	1. yisi/iise	
		2. ˀilu ˀili ˀu,ˀi		
E.		1. yenni yena di,a	1. yiise yiisku	
		2. yini yiga ni,ka	2. yila yiku	
		3. yini li	3. yita yiti	
		4. yeni ye di,ya	5. yigisi yigisiti	
GURUNSI O.		2. yɔ yɔroŋ		1. yɪlɪ/yile yila de,ya
				2. yele yela de,ya
				3. yil yila de,ne
				4. yira yiraya
C.			8. iri	1. yɪləŋ yɪla
			11. uri	4. hɪl
				11. ilɛ ila ; *-hilima
				5. ɪla
E.	1. xas xasɪɣ	1. yɪlɪw yɪlɪŋ ku,ɛ̀		1. yɪdɛ yɪla du,a ; *yɪlɪm bu
	2. has haso	2. yilo yin ku,nyi		2. yidə yila de,ya ; *yiləm be
		3. yeka yese ka,se		3. yɛle yɛla de,a ; *elɛɛlom

	68. "hippopotame"	69. "lire"	70. "poule"	71. "cultiver"
KURUMFE	himandɛ/hemande himana	karem		
O.V. O.	7. enne ema de,a	7. karenge		1. kɔ
	9. yemde yema	8. karĩ		6. kɔ
	14. ʔyɛn ʔyɛmɛ	9. karem		8. kwɔ
	5. ŋamli ŋama			14. kɔʔ
buli				
gurma			1. koleq	1. kwo kɔ
			2. kokolo kokoli o,i	2. kona ko
			4. kool kool u,i	3. koon ko
			6. kɔl kɔl o,i	7. ko
y-n.	1. yeemər yeema də,a		1. kɔɔɣa kwari ka,su	2. ko
			2. kwɔrga kwari ka,hi	
E.	1. himfa hima	3. kaa	1. kuɣa kusi ka,si	
			2. kotera kohi ta,hi	
			3. kote kuo ta,si	
			5. koka kosu ka,su	
GURUNSI O.		1. kara karam karma	4. kole kolowo	1. ko koga koa
		2. kara		2. kwi
C.	10. humo humene	1. karamə	10. ko kweene	6. ko-
		6. karmɪ		
		10. kalɛ		
E.	2. yinde yimi de,ya	1. kal kalɪɣ		
		2. kalo		
		3. kala		
		4. kala		

	72. "rond"	73. "os"	74. "tordre", "essorer"	75. "femme"
KURUMFE		kubre kuba	kam	kyeõ kyena
O.V. O.	12. kulokulo	1. kõre kõa di,hã		
		9. kɔ̃bre kɔ̃ba		
		7. kobere koba de,a		
		14. kɔbr kɔbɛ		
buli	kikiluk kikilita	kobe koba de,ŋa		
gurma				
y-n.	1. kukuləm	1. kowər kowa de,a		
		2. koure koua nde,ʔa		
E.		1. hõre hõa di,a		
		2. kore kõga ni,ka		
		3. kõõ kuã li,a		
		5. kobre kobiya de,ya		
GURUNSI O.	1. kukulu/kikili	1. kua kwi ka,se	1. kane	1. kaan kaana o,ba
	2. gɔkulo	2. ku kuruŋ ka,se	2. kane	2. kaŋ kana
		3. ku kur wa,re	4. keme	3. kane kana mo,ba
		4. ko koya		4. kã kãya
C.	4. kərɪlum	4. hok	10. ham	1. haala haalaa
	10. kukule kukueeri	5. hog		11. haalo hala
		7. ho		6. haaŋ
		10. hɔbo hɔbɛne		10. haŋ haama
E.				1. halu/xalu xala ɛ,ba
				3. alo ala e,be
				4. alo ala
				6. alua ala

	76. "fromager"	77. "courber"	78. "kola"	79. "corde"
KURUMFE			guri gurayo	
O.V. O.	1. konfo komi fu,i	7. gõ	1. kware kwa	6. ŋmii/w̃ii
	8. goŋa goĩhĩ	9. gõde	7. guure guura de,a	8. ŋwĩĩre ŋwĩyã
	9. guŋga gumsi	3. gɔlɔmɛ	6. guure guya	9. ŋwĩĩri
	14. gõɣ gõn	14. gɔ̀ʔ	9. guure guyã	
buli	goŋ gonsa ka,se	gwɔne	goore goora	
gurma	2. pugumbu pugundi bu,i	2. goli	4. gũ gũ le,ŋe	4. ŋme ŋmẽ n,i
				5. ŋmiix ŋ
				6. ŋmi ŋmi
				7. ŋmɛ ŋmɛ ŋ,e
y-n.	1. gɔmɣo gɔmey ko,i	1. gonde	1. gooronə goora də, a	2. ŋmiiuŋ/mwiũ mwii ŋwõ,i
	2. gombe gomti			
E.	1. hunga hunsi ka,se		1. kori koa di,a	
	2. kum kuna mu,na		2. kwasa kwaga	
	4. komu kona mu,na		5. koro korora wo,ba	
	5. kungunfa kungunsu fa,su			
GURUNSI O.	1. guŋu gunnu ko,te	1. goori	1. gwe gwɛ de,ya	1. ŋwana ŋwane ka,se
	2. guŋu guŋe ko,te	3. gwẽ	2. goro gora	2. ŋwana ŋwane ka,se
	3. gumi gumse ga,se			
C.	10. komoo kobre	1. golo	1. gori gora	1. ŋmɛnɛŋ
			2. guro	4. ŋmɪɛn
				6. ŋmɛŋ
E.	2. kumu kumən	5. guà	1. kɔɔye kɔɔɔ dɪ,a	1. ŋmoneɣa
			2. kuro	2. ŋmẽle ŋmẽse

	80. "singe"	81. "étoile"	82. "joue"	83. "lance"
KURUMFE		warfɛ		
O.V. O.	7. ŋmaanga	3. ŋmarbil	2. kperog	6. kpand kpana
	5. ŋmaana ŋmaanse	7. ŋmarebiire ŋmarebia	3. takperiq	5. kpane kpana
	8. ŋwããma ŋwããmhĩ	4. saŋmarga	6. kpeder kpeda	9. kande kana
	14. ŋmaam ŋmaar	12. ŋmarbir	5. kparene kparena	7. kanne kana de,a
buli		cəŋmarək	kpikper kpikpe de,ŋa	kpampolok kpampolota ko,te
gurma	2. ŋmamɔ ŋmame	1. ŋmabik ŋmatit	1. tankpin tankpina	1. kpan
		2. ŋmabili ŋmabila li,a	2. tankpili tankpina	2. kpaanli kpaana li,a
		3. ŋmabil ŋmabi u,i	4. takpɪn takpi le,ŋe	6. kpaŋ kpamõ ke,ŋ
		4. ŋmabɪl lɪ	6. taŋkponde taŋkpoŋ de,a	7. kpanɟa kpanɟam ke,ŋ
y-n.		1. ŋmerɣa ŋmɛrsə ka,sə	2. ñakpiugu ñakpiti	
		2. mɛdga mɛdi ka,hi		
E.		1. hwarbi hwarbia di,a		2. kwan kwanga ni,ka
		2. wãtera wãhi ta,hi		3. kwãni kwã di,ya
		3. wãtri wãta li,a		
		4. wãta wã ta,si		
GURUNSI O.			4. ˀpantyi ˀpantiya	
C.	1. ŋmaama ŋmaamaze		1. caŋkpan caŋkpana	11. kpanɛ kpana
			10. ˀpankõm ˀpankobre	
E.			2. donkpako donkpakən	1. kpɛzɪw kpɛzɪŋ ku,ɛ̀

	84. "babouin", "*singe"	85. "peau", "*corps"	86. "lion", "*léopard"
KURUMFE		kwanga kwansi ka,si	
O.V. O.	6. kparale kpada	1. kwanga kwansi ka,si	6. gbɪgɪm gbɪgɪma
	5. kparle kpara	5. gbaŋ gbana	9. gɪgmde gɪgma
		9. gaõgo gando	7. gbeggenne gbeggema de,a
		14. gan gamɛ	13. gbɛŋ gbeŋni
buli		gbaŋ gbansa ka,se	gbeɣeni gbeɣema
gurma	1. kpadl	1. gbɔn	
	2. kpado kpada o,i	2. gbangu gbandi ku,ti	
	6. kpatere kpate de,a	6. gbã gbã ŋ,i	
		7. gbɛ gbɛ ko,te	
y-n.	1. kparɣo kpari ko,i	1. gbanuŋ/gbanõ gbaney ŋwõ,i	
		2. *gbanu gbani ʔu,ʔi	
E.	5. kwatebu kwatena bu,na	1. kwanu kwani o,i	
		3. *kwanti ti	
		5. kpambu kpanna bu,na	
GURUNSI O.			1. *gweeru gweera o,ba
			2. *gwia gwiroŋ o,ba
C.		10. *ʔbɛ/kpɛ	1. *ʔbe ʔbeni
		7. bɔ-ton	10. *ʔbeŋ ʔbeŋni
E.	1. *tɪŋkpayiw tiŋkpayɪŋ ku,ɛ̀		1. *kpow kpoŋ ɛ,ɛ̀
	3. *kpedaɣ kpedase ka,se		2. *kpi kpin i,nyi

	87. "crinière"	88. "parler", "*parole"	89. "singe"	90. "froid"	91. "mourir", "*mort"
KURUMFE		*wɔləma	womdɛ woma		sibu, *sõm
O.V. O.	5. gbem	8. wɪləgɛ	1. wããɡa wããsi	4. waare	
	6. gbere gbɛa	11. wu	6. waaŋa waamse	5. wari	
	4. gbere gbea		9. wããmba waamse	13. warɪ	
	15. gberɛ gbɛ			9. waoodo	
buli	gbiuk gbiita	wen			
gurma	7. gbɛlɛ gbɛlɛ ko,te	7. wɛ	1. waaŋu	1. wat	
				2. wadi ti	
				3. wor	
y-n.		1. wəl/wɔr	1. wamɣo waami ko,i	1. wowor də	
			2. wama wamba a,ba		
E.		2. *wema	2. wanta wanhi ta,hi	5. watu tu	
			3. wamfa wa fa,i		
			5. wanɡa wansu ka,su		
GURUNSI O.		1. we		1. waaro	
		2. wɔ		2. wareŋ	
		3. wal ; wo		3. war re	
				4. ware	
C.	1. gbɛso gbɛsene	1. wɔl	1. ɔmo ɔma	1. waro	1. suba ; sù
			10. ʔomo ʔomoma		5. sɪwa
			11. omo oma		10. sebe ; *sɛmu
					11. sibiɛ ; *sɪɔ
E.	1. kpem bu			1. watu tu	1. sɪb sɪkɪ ; *sɪm bu
				2. watə te	2. seb seke ; *səm be
					3. se sem
					6. *sɪmɔ

	92. "sel"	93. "casser"	94. "pintade"	95. "cinq"	96. "arbre"
KURUMFE		wɔko	su sui	-nɔm	
O.V. O.	9. yasem ; yarem	7. okke		1. -nu	1. tiibo tiito bo,ti
	8. yahĩ			8. -nu	6. tiiga tiise
	1. yaɛm/yɛm m			9. -nu	9. tɪɪga tɪɪse
	6. yaarem			15. -nu	14. tɪɛ tɪɪr
buli	yiesa se			-nu	tiip tiisa bo,se
gurma	1. yaalɪm	5. wiix		1. -nu	1. tig titi
	2. yaama mi			4. -nũ	2. tibu tiidi bu,i
	3. yam mi				3. tib/tub tuk bu,i
y-n.	1. yaarəm mə			1. -nu	1. tiiv tiiθ
	2. yaarem mi			2. -nuu	2. tibe titi be,ti
E.	3. ya bu	1. waɣe waɣsu		1. num	1. tiga tigi ka,si
	4. ya mu			2. nun/num	2. tibu tina
				3. num	3. tiɛ tiɛ li,ye
				5. nu	5. tibu tina bu,na
GURUNSI O.	1. yɛ ywe dɪ,ya		1. sugu suni kʊ,dɪ	1. -nu	1. tio teeni kʊ,dɪ
			2. su suŋ ko,te	2. -nu ; -no	2. tyu tim ko,te
			3. sũ sun wa,ne	3. -nu	3. kyɔ kyeme wa,ne
			4. sugu suguya	4. nõ	
C.	1. yɛsuŋ		1. suuŋ suunuŋ	1. -nõ ; nɔŋ	1. tɪa tise
	2. yase		2. su	4. -nuu	2. tia
	6. yazɪ		11. suo sunie	10. -nwɔ	11. tyɔ tirɔ
	10. yɛre			11. -nõ	
E.	2. yasə		1. suw suŋ ɛ,ɛ̀	1. -nɪwa	1. tiw tiŋ ku,ɛ̀
	4. yɛse		3. su suni ke,te	2. -na	2. tu tin ku,nyi
	6. yàse		5. suŋ suna	3. -nowa	3. tɛu tɛni ke,te
				4. -nu	

ANNEXE 3

FORMULES DE CORRESPONDANCE PHONÉTIQUE

	L_1	L_2	L_3	L_4	L_5	L_6	D_1	D_2	D_3	D_4	D_5	P_1	P_2	P_3	P_7	P_5	P_6	P_4	P_8	$V_1/2$	V_3	V_5	LV_1	LV_2	LV_3	LV_4	V_4
PROTO-CENTRAL	*m	*p	*b	*ɓ	*f	*v	*n	*t	*d	*ɗ	*s	*ñ	*c	*ɟ	*ɗy	*ç	*j	*y	*ʔy	*ŋ	*k	*g	*ŋm	*kp	*gb	*w	*ʔ
KURUMFE	m	p	b	v	f	f	n	t	d	l	s	ñ	s	z	z	s	/	y	/	h h/y	k	g	w	k	/	w	k
O.V. O.	m	p	b	b	f	v	n	t	d	{l d}	s	ñ	{s c}	{z c ɟ}	{z c ɟ}	s	z	y	{z c ɟ}	ʔ {ʔ y}	k	{g k}	ŋm	{kp k kw}	{gb g kw}	w	k
bu.	m	p	b	b	f	v	n	t	d	l	s	ñ	c	ɟ	ɟ	s	z	y	z	/ y	k	g	ŋm	kp	gb	w	k
gu.	m	p	b	b	f	f	n	t	d	l	s	ñ	{c s}	ɟ	ɟ	s	s	y	y	ŋ y	k	g	ŋm	kp	gb	w	k
y-n.	m	{p f}	b	b	f	v	n	t	d	l	s	ñ	{c s}	ɟ	ɟ	{s h}	{z ɟ}	h	{z ɟ}	/ {ʔ y}	k	g	{ŋm m}	kp	gb	w	k
E.	m	p	b	b	f	f	n	t	d	{d l}	s	ñ	c	c	y	c	/	y	y	ŋ y	k	{k h}	w̃	{kw kp}	{kw kp}	w	k
GURUNSI O.	m	p	b	v	f	v	n	t	d	l	s	ñ	c	ɟ	z	c	z	y	y	ŋ y/h	k	g	{ŋm w}	{kw kp}	{gw g}	w	k
C.	m	{p h}	b	v	f	p	n	t	d	l	s	ñ	c	c	{z ɟ}	h	c	y	{y z}	ŋ ʔ/y	k	{g k}	ŋm	kp	gb	w	h
E.	m	{f h h/f f/w}	{b ŋ/b w}	{h f p b v}	f	{f h}	n	t	d	l	s	ñ	{ɟ c/ɟ}	{c c/ɟ}	{s ɟ}	y	s	y	/	ŋ/h ʔ/y	k	{k g}	ŋm	kp	{kp gb}	w	h

ANNEXE 4

RADICAUX PROTO-CENTRAUX

Les restitutions ci-dessous proposées sont provisoires, puisque l'inventaire des langues proto-centrales n'est pas définitivement arrêté, et incertaines, notamment en ce qui concerne le vocalisme. Elles sont toutefois fondées, en règle générale, sur une documentation plus riche que celle qui est donnée dans l'annexe 2.

1. Radicaux restitués à partir de séries comparatives communes aux trois groupes.

camarade	*do, *don
appeler	*yi
arc	*ŧo, *ŧa, *ŧom, *ŧam
atteindre	*ŧa
balayer	*ŋas
baobab	*ŧe, *ŧo, *ŧu
barbe, menton	*ŧam
blanc	*po, *pon, *peɗ, *puɗ
boeuf	*na, *nag
boire	*ño
bois	*da
bon	*ŋan
bouche	*nan, *no
chanter	*ɗe
chèvre	*bu
chien	*ɓa
corne	*ŋɪɗ
couper	*ko
danser	*so, *sa
écorce	*po, *pog
demander	*bos
dire	*bu
donner	*pa, *pan
dormir	*do, *de
enfant	*bi
entrer	*ɗyi, *ɗyu
excrément	*bɪn
feuille	*va, *van, *vo, *von
fleur	*fi
genou	*dum, *dun
hippopotame	*ŋim
insulter	*ŧu
kola	*gu, *go
se lever	*ŋi
manger	*di
mordre	*dum
moudre	*nam, *nem
mouton	*pes, *pe
mûrir	*bɪ
noir	*bid, *bin
nouveau	*faɗ, *fɪɗ
nuit	*ñen
os	*ʔob, *ʔo
parler	*wo, *woɗ
père	*ca
plevoir	*ni
quatre	*na
queue	*ɗyuɗ

scorpion	*nom, *nam	travail	*ŧʊm
sécher	*ko, *kʊ	trou	*bon
sein, lait	*ŋɪɗ	tuer	*kʊ
soif	*ñon	venir	*ba
souffler	*fʊ	viande	*nam, *nem
suivre	*dab	vieux	*kpem
talon	*kud	visage	*yi

2. **Radicaux restitués à partir de séries comparatives communes au kurumfe et au groupe gurunsi**

abeille	*ŧʊ	mourir	*sɪb
attendre	*da	moustique	*bon
beurre, graisse	*nu	oreille	*dɪng
bouc	*ŧuɗ	peau	*ŧon
caīlcédrat	*pi	phacochère	*ŧo
cendre	*ŧom	pintade	*su
ciel	*do	poisson	*ñɪn
cinq	*nom	prendre	*ɟan
côte	*sa	rire	*mo
cultiver	*vad	rouge	*som
dent	*ye	salive	*ŧa
dix	*fi	semer	*di
éléphant	*ŧi	serpent	*dum
essorer	*ˀam	soumbala	*co
femme	*ˀan	tête	*ñu
flèche	*çam	tisser	*so, *son
homme, mâle	*bad	tomber	*cuɗ
langue	*deɗm	un	*do, *du
laver	*sam	voir	*na
maison	*dan		

3. Radicaux restitués à partir de séries comparatives communes au kurumfe et au groupe Oti-Volta.

se baigner	*wu	piler	*ŧo
battre, frapper	*po, *pom	sang	*ñam, *ñim
briser	*wog	singe	*wam, *wom
deux	*yi	tortue	*kud
étoile	*ŋmad	trois	*ŧa, *ŧan
être fort	*kpan	urine	*ñem
grenier	*bo, *bon	vivre	*vi
mâcher	*ŋmo	sauter	*yug
néré	*do		

4. Radicaux restitués à partir de séries comparatives communes aux groupes gurunsi et Oti-Volta

aller	*ŧo, *ŧa	cinq	*nu
âne	*bon	co-épouse	*yon
animal	*dʊn	construire, modeler	*ma
année	*bɪn	corde	*ŋme
arbre	*ŧɪ	coude	*ŧo
attacher	*bo, *bob	coudre	*ŋa
aujourd'hui	*ɗyɪn	couper	*se
babouin, singe	*kpad	courber	*go, *goɗ
bras, épaule	*ɓa, *ɓan	couteau	*sɪ
brûler	*so, *se ; *ñog	cracher	*ŧʊ
cacher	*so, *sog	creux	*ɗu
calebasse, courge	*yi	crinière	*gbe
casser	*ko, *ka	crocodile	*ña, *ñi, *ño
chanter	*yɪ, *yɪn	cultiver	*ko
charbon	*ca	danser	*wa
chauve-souris, oiseau	*ɗyam, *ɗyɪm, *ɗyʊm	être debout	*jɪ
chemin	*ço	déféquer	*ñɪ, *nɪ
cheveu, poil	*ʔyu	délier	*booɗ ; ñɪn, ñɪɗ
chose	*bʊn ; *won	descendre	*cu (*çu ?)
		deux	*ɗe

eau	*ni, *ne ; *nã
éclair	*ñag, *ñig
écorce	*po
emplir	*su
enterrer	*ŋu
esclave	*yom
faire	*ŋa
frère cadet	*ña, *ñan
foie	*co
froid	*wa
fromager	*gum, *gom
front	*ƭi, *ƭu
fumée	*ño, *ñi
gombo	*man
gorge	*ɗo
hache	*ɗad
huit	*nan
interroger	*bo, *bos
joue	*kpa
lance	*kpan
langue	*dyuɗm
se laver	*so
lion, léopard	*gbɪn
maison	*dɪ
malt	*kpa
marché	*yab, *yag
mère	*na ; *ma
mil	*ña
monter	*di, *de
morve	*me
mouche	*ɟo
nez	*me
nom	*yɪɗ, *yɪd
oeuf	*çe
parler	*bu
peau	*gbe, *gbo
personne	*nɪ, *nu, *non
pied, jambe	*na, *nan ; *ƭa
pleurer	*wi
pois	*sim
poitrine	*ben
porc-épic	*sam
porter	*jɪ
possesseur	*ƭɪ
poule	*ko, *kol
poumon	*fu
prendre, attraper	*mo
quatre	*naasɪ
rat	*yu
refuser, interdire	*kis
remède	*ƭɪ
riz	*mu, *mid
rond	*giɗ, *guɗ ; *kiɗ, *kuɗ
rosée	*meɗ
savoir	*ɗyam
sel	*ya, *yas
siffler	*fooɗ
silure, poisson	*ɟam
singe	*ŋmam
tas	*puɗ
terre	*ƭan, *ƭɪn
tête	*ʔyu
tirer (à l'arc)	*ƭo, *ƭa
tuer	*kpʊ
vendre	*ƭa
vulve	*men (*man ?)

BIBLIOGRAPHIE SOMMAIRE

I. OUVRAGES CITES :

BENDOR-SAMUEL J.T., 1965, "The Grusi sub-group of the Gur languages", *The Journal of West African Languages*, 2,1, pp. 47-55.

1971, "Niger-Congo, Gur", in *Linguistics in Sub-Saharan Africa*, ed. by J. Berry and J.H. Greenberg, (Current Trends in Linguistics, 7), The Hague-Paris, pp. 141-178.

DELAFOSSE M. et CAQUOT A., 1952, "Les langues du Soudan et de la Guinée", in *Les Langues du Monde*, ed. par A. Meillet et M. Cohen, (2e ed.), Paris, pp. 737-845.

FUNKE E., 1922, "Die Isala-Sprache im Westsudan", *M.S.O.S.*, 23/25, pp. 69-87.

GIRAULT L., s.d., *Vocabulaires comparatifs (winye, phwo, nuni, sisale)*, ms. dactyl.

GUTHRIE M., 1967, *Comparative Bantu. An introduction to the comparative linguistics and prehistory of the Bantu languages*, Gregg Press Ltd.

KOELLE S., 1963, *Polyglotta Africana. Photomechanic reprint of the original edition, C.M.S. London, 1854.* Fourah Bay College, 19-VI. 24-188 p., 1 carte (abréviation : Koe.)

KÖHLER O., 1952, "Compte-rendu de *Handbook of African Languages II*, London, 1952", *Afrika und Übersee*, 37, pp. 187-190.

1958, "Zur Territorialgeschichte des östlichen Nigerbogens", *Bässler Archiv*, Bd. 6, pp. 229-261.

MANESSY G., 1965, "La classification nominale dans les langues voltaïques ; observations et hypothèses", *Bulletin de la Société de Linguistique de Paris*, 60, 1., pp. 180-207.

1969, *Les langues gurunsi. Essai d'application de la méthode comparative à un groupe de langues voltaïques*, Paris, S.E.L.A.F. (Bibliothèque de la SELAF, n° 12 et 13), 2 vol. 80 et 102 p., 1 carte (abréviation : Ma. 1969).

1971, "Les langues gurma", *Bulletin de l'I.F.A.N.*, 33, B, 1., pp. 118-246 (abréviation : Ma. 1971)

1975, *Les langues Oti-Volta*, Paris, SELAF

(Abréviation : Ma. 1975)

NICOLAS F., 1953, *Glossaire l'élé-français*, Dakar, IFAN, 323 p., 1 carte.

PROST A. 1974, "Les langues de l'Atakora. VII Le nõtre, langue des Nõtəba, dits Bulba", *Bulletin de l'IFAN*, 36, B,3, pp. 628-659.

1972a, *Le nankan ou gurenne*, ms. dactyl., 118 p.

1972b, *Enquête sommaire sur le ko, langue gourounsi de Haute-Volta*, Université de Dakar (Publications du Département de Linguistique, n° 18), 33 p., 1 carte.

s.d., *L'akurumfe ou langue des Kouroumba*, ms. 215 p.

SCHWEEGER-HEFEL A. et MUKAROVSKY H.G., 1961, "Notes préliminaires sur la langue des Kurumba (Haute-Volta)", *Archiv für Völkerkunde*, XVI, pp. 177-197.

SWADESH M. and ARANA E. with BENDOR-SAMUEL J.T. and WILSON W.A.A., 1966, "A preliminary glottochronology of Gur languages", *The Journal of West African Languages*, 3,2, 1966, pp. 27-65.

WESTERMANN D. and BRYAN M.A., 1952, *Languages of West Africa*, London, Oxford University Press (Handbook of African Languages II), 215 p., 1 carte.

II. COMPLEMENT AUX BIBLIOGRAPHIES DE MA. 1969 ET MA. 1975.

1. Langues gurunsi :

BERGMAN R., GRAY C. and GRAY I., 1969, *The phonology of Tampulma*, University of Ghana, Institute of African Studies (Collected Language Notes n° 9), VIII + 53 p.

BONVINI E., 1974, *Traits oppositionnels et traits constrastifs en kasim. Essai d'analyse phonologique*, Paris, INLCO (POF-Etudes), 209 p., 1 carte.

PROST A., 1969, "Le pana", *Bulletin de l'IFAN*, 31, B,13, pp. 886-911.

1970, "Deux langues gourounsi : le kasem et le nuni. I. Le kasem", *Bulletin de l'IFAN*, 32, B,4, pp. 976-1087.

1971, "Deux langues gourounsi : le kasem et et nuni. II. Le nuni", *Bulletin de l'IFAN*, 33, B,2, pp. 343-435, 1 carte.

1972c, *Le nuni de Pouni*, ms. dactyl., 56 p.

2. Langues Oti-Volta

BECKETT E., 1974, *A linguistic analysis of Gurma*, The University of British Columbia (Doctoral Dissertation), 151 p., 1 carte.

MELANÇON L., COUTU E. et PROST A., 1974, "Les langues de l'Atakora. VI. Le buli", *Bulletin de l'IFAN*, 36, B,2, pp. 323-413, 1 carte.

MELANÇON L. et PROST A., 1972, *Dictionnaire buli-français*, Université de Dakar (Publications du Département de Linguistique n° 20), 143 p.

PROST A., 1973a, "Les langues de l'Atakora. III. Le bieri", *Bulletin de l'IFAN*, 35, B,2, pp. 444-511, 1 carte.

1973b, "Les langues de l'Atakora. IV. Le ditammari", *Bulletin de l'IFAN*, 35, B,3, pp. 712-758.

1973c, "Les langues de l'Atakora. V. Le yom", *Bulletin de l'IFAN*, 35, B,4, pp. 903-996.

REINHARD P., 1972, *Dictionnaire moba-français, fasc. 3, k.kp.ky*, Bombouaka, Mission catholique, 56 p.

1974, *Dictionnaire moba-français, fasc. 4,l,m*, Bombouaka, Mission catholique, 50 p.

WILSON W.A.A., 1972, *Dagbani, an introductory course*, Tamale, Institute of Linguistics, 250 p.

TABLE DES MATIERES

Résumés 7
Sommaire 9

1. INTRODUCTION 11

2. CORRESPONDANCES PHONETIQUES 15

  2.1. Méthode 15
  2.2. Consonnes 17
    2.2.1. Consonnes initiales de radical 17
      2.2.1.1. Labiales 18
      2.2.1.2. Dentales 20
      2.2.1.3. Palatales 22
      2.2.1.4. Vélaires 24
      2.2.1.5. Labio-vélaires 26
    2.2.2. Le consonantisme du Proto-Central 27
    2.2.3. Consonnes finales de radical 31
  2.3. Voyelles 33

3. LES SYSTEMES VERBAUX 37

4. LA CLASSIFICATION NOMINALE 43

  4.1. Les systèmes classificatoires 43
  4.2. Le système proto-central 46

5. LES DONNEES LEXICALES 63

6. CONCLUSIONS 69

ANNEXES

1. Liste des langues étudiées 75
2. Séries comparatives 77
3. Formules de correspondance phonétique 100
4. Radicaux proto-centraux 101

BIBLIOGRAPHIE SOMMAIRE 105

TABLE DES MATIERES 109

Duplication SELAF